AF197285

Kontaktadresse nach EU-Produktsicherheitsverordnung:
produktsicherheit@fischerverlage.de

Olaf Schubert hat nur eines im Sinn – die Rettung der Welt! Deshalb versucht er sie mit seinen Mitteln zu verändern. In seinem Buch erzählt der Weltverbesserer anhand eines Tages, wie er die Welt mit seinen wundersamen Taten verändert. Und tatsächlich wird durch das »Wunder im Pullunder« die Welt schon ein bisschen erträglicher.

Selbst diejenigen, die Olaf bisher noch nicht kannten, werden durch die Kraft seiner Stimme und die metaphysische Wirkung seines Pullunders animiert, selbst mit anzupacken. Da bleibt nur zu sagen: Danke, Olaf!

Olaf Schubert, geboren 1967, ist neben regelmäßigen TV-Auftritten und diversen Radioproduktionen durch seine außergewöhnlichen Bühnen-Acts bekannt geworden. Er ist mehrfach preisgekrönt (u. a. Salzburger Stier, Deutscher Kleinkunstpreis 2010, Comedypreis 2013 als »Bester Komiker«) und veröffentlichte zahlreiche CDs und DVDs.
Große Erfolge feiert er mit seinem aktuellen Programm »So!«.
Olaf Schubert lebt in Dresden.

St. Ludwig, geboren 1965, lebt in Halle und arbeitet als Autor und Hörfunkproduzent.

www.fischerverlage.de

OLAF SCHUBERT*

Wie ich die Welt retten würde,

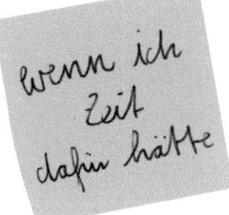

wenn ich Zeit dafür hätte

* in Zusammenarbeit
mit St. Ludwig

FISCHER
Taschenbuch

9. Auflage

© 2023 S. Fischer Verlag GmbH,
Hedderichstr. 114, 60596 Frankfurt am Main

Originalausgabe

Illustrationen: Jörg Liebsch
Printed in Germany
ISBN 978-3-596-18605-1

»Dieser Ratgeber-Roman bildet die Grundlage meines Filmes ›Der Förster und der Hopfen‹, der seit dem Jahr 1998 entsteht und einen extrem starken Schluss hat. Leider fand ich bis heute keinen geeigneten Anfang dafür, weshalb das Werk als unvollendet zu bezeichnen ist – nur eben diametral andersrum.«

Olaf Schubert im November 2009

»Ich kann Euch Rettungsringe bieten.
Um das Wasser allerdings müsst Ihr Euch selbst kümmern.«

Olaf Schubert, Betroffenheitslyriker

Seit jeher ist Literatur für mich eine Kunstform, welcher ich mit äußerster Hochachtung begegne. Ich – der Mahner und Erinnerer, bin keiner derer, die ein Buch so mal eben konsumieren, ratzfatz nebenbei – o nein, ich nehme mir Zeit, ich lese ein Buch, bevor ich es kaufe. Mindestens zweimal.

Jetzt habe ich selbst ein Buch geschrieben, denn nach reiflicher Überlegung war in mir der Entschluss gegoren, mit meinem Wissen und Können, mit meinem Talent und meiner Begabung nun von eigener Hand den Acker der sachbezogenen Belletristik zu düngen. Zwei Gründe waren hierfür ausschlaggebend: Einerseits möchte ich die Menschen an meiner Erfahrungswelt teilhaben lassen, andererseits ist es auch für mich von Interesse, eines Tages lesen zu können, was ich einmal gedacht habe. Vielen Menschen ist ja egal, was sie denken – mir nicht!

Mit dem hier als Ergebnis vorliegenden Werk bin ich zufrieden. Das Buch ist von ansprechendem Umfang und keine wälzig dicke Schwarte. Bei der nächsten Bücherverbrennung wäre es also maximal zum Anfeuern geeignet. Inhaltlich ist es sowieso über jeden Zweifel erhaben.

Und doch sehe ich sie schon vor mir, meine Kritiker, die Tinte gewetzt, die Feder gesträubt, bereit, mich, Schubert,

Olaf zu zerfleischen. Sollen sie's – was kümmert's mich! Unverständnis ist der Lohn des Gerechten. Wisset, Rezensenten! Nicht für Euch schreibe ich, Ihr Handlanger der Literaturmafia, Ihr Sklaven und Erfüllungsgehilfen des schnöden Feuilletons! Ich wende mich in meinem Werk an die einfachen Menschen und auch an jene, die nicht lesen können. Doch bin, war und bleibe ich Olaf genug, um mich der Kritik zu stellen. Ja, ich gehe noch einen Schritt weiter und lege mich meinen Rezensenten quer in den Weg, in dem ich ihnen im Anhang dieses Werkes gleich zwei Kritiken zur Verfügung stelle. Eine positive und eine negative – also eine richtige und eine falsche.

Du, Lesender, wirst auf den folgenden Seiten nun bei mir sein und gemeinsam mit mir einen ganzen Tag durchleben – vom Aufstand bis zum Schlafengehen. Du wirst teilhaben an schönen und an schweren Stunden. Es werden sowohl die kleinen Probleme des Alltags als auch die globalen Herausforderungen im Großen sein, denen ich mich zu stellen habe. All dies erlebst Du mit, direkt und unverschnörkelt. Wie ich im Buchtitel schon andeute, bin ich aus zeitlichen Gründen nicht in der Lage, alle von mir gegebenen Anregungen auch selbst in die Tat umzusetzen. Vielmehr bist Du, Leser, hier gefragt, jenen Schritt zu tun. Dies ist Verantwortung und Privileg für Dich in einem. Sollten Dir nun Zweifel kommen, ob Du dazu auch befähigt bist, dann fege ich diese hiermit hinfort. Bereits mit dem Erwerb dieses Buches bewiesest Du eine beachtliche und somit ausreichende geistige Reife! Falls Du das Buch geschenkt bekamst, strahlst Du diese ja immerhin aus.
Die Geschichte beginnt übrigens, während ich erwache, was bedeutet, dass ich momentan noch schlafe. Deswegen bleibt uns Zeit für zwei, drei rasche Anmerkungen.
Künstlich aufgebauschte platte Action wirst Du hier ver-

geblich suchen, denn dieses Buch will anders verstanden werden – als Ratgeber, als Freund, als Leitfaden, der Dir vor allem eines bietet: Hilfe!

Solltest Du dereinst irgendwo auf unsrer Welt vor scheinbar unlösbaren Problemen stehen, dann möchte ich, dass Du Dich der Lektüre dieses Werkes erinnerst und Dich fragst:

»Wie hätte Olaf jetzt entschieden?«

Genug der Vorrede – jetzt geht es los!

P. S.: Dies ist ein Taschenbuch. Aus praktischen Erwägungen erlaube ich aber die Beförderung dieses Werkes auch in Netzen oder Beuteln.

P. P. S.: Hiermit gestatte ich schon jetzt die Übersetzung meines Buches in alle Sprachen der Welt – außer ins Rumänische.

1. Vom Erwachen, Aufstehen und Planen des Tages

Und es geschah wie schon so oft in meinem Leben: Ein neuer Tag stand vor der Tür. Eigentlich mehr als das, denn mit einem Bein war er schon eingetreten, zeigte die Uhr doch halb elf. Noch im Schlaf beschloss ich, dass somit Zeit sei, aufzuwachen. Gedacht – getan! Ich erwachte, indem ich einfach aufhörte, zu schlafen. Schonend gewöhnte ich nun mein sanftes Gemüt an die um mich herrschende Realität, indem ich nacheinander meine Augen öffnete. Was ich sah, überraschte mich nicht.

Wie immer lag ich souverän im Raum, unweit meines Bettes. Blickkontakt zu meinem Bett ist mir wichtig, da ich sonst zu unruhigem Schlaf tendiere. Auch alles andere, was sonst noch als Umgebung rumstand, fand ich unverändert vor. Alles war wie gestern Abend, nur später. Das Jahr befand sich mitten im April, draußen stampfte Gevatter Lenz tatendurstig durch die Primeln.

Diese Schilderung des Zustands der Natur ist selbstverständlich nur als Metapher zu verstehen, als sprachliches Bild, das ich mit Buchstaben gezeichnet habe. Es drückt aus, dass der Frühling sich nicht nur kalendarisch, sondern tatsächlich anschickte, seine Geschwisterjahreszeit, den Winter, mit Stumpf und Stiel vom Hof zu jagen. Sicher ist es ungewöhnlich, gleich zu Beginn eines Buches solch einen anspruchsvollen, semantischen Kunstgriff einzuarbeiten. Ich möchte aber Dich, lieber Leser, von Anfang an wissen lassen, auf welchem Level bei mir die geistige Latte erigiert.

Draußen tollten also meine gefiederten Freunde, die Schnäblinge, und zwitscherten vergnügt im Astwerk eines Holderstrauchs. Vom logistischen Brimbamborium des Frühlings beflügelt, entschloss ich mich, ebenfalls aktiv zu werden: Ein kurzer Check meiner inneren Organe zeigte mir, dass ich auf physio-endohygienischer Ebene keine Dissonanzen zu befürchten hatte.

Diese morgendliche, innerkörperliche Visite ist obligates Ritual, um die Schar glibbriger Murkelmasse, mit der ich schwanger gehe, wieder in den Dienst zu stellen. Während der REM-Phase zu nachtschlafender Zeit, da mag ein jedes Eingeweide tun, was ihm beliebt. Doch bei Tage bin ich der Chef in mir! Daran lasse ich auch keinen Zweifel. Eine vorlaute Milz, eine faule Galle oder eine launische Leber kann ich mir nicht leisten. Sie hätten sich ja einen anderen Wirt aussuchen können – irgendeinen dem Schlendrian zugeneigten Gelegenheits-Ronny! Bei mir – also im Olaf – herrschen Subordination und Ordnung!

Und außen? Da natürlich auch! Meine äußeren Wesensmerkmale sind genauso von Belang wie meine inneren, deshalb stand als Erstes die unverzichtbare Morgenwaschung an:

> Einst verguß ich meinen Morgenwusch,
> war unwohl und beklommen drum –
> und das auch noch auf Usedom!

Nachdem ich zu Beginn dieses Buches bereits mit ungewöhnlich literarischen Stilmitteln überrascht habe, werde ich jetzt noch einen draufsetzen und Dir, Leser, den ersten wertvollen Schubertschen Tipp geben:

Die morgendliche Wäsche am besten so früh wie möglich und mit Wasser absolvieren! Dann verbindet sich mit dem reinigenden auch noch der erfrischende Aspekt.

Das war nur der erste der zahlreichen Tipps, die ich Dir im Laufe dieses Buches geben werde. Du wirst erfreut feststellen, dass ich mein Wissen auf einer praxisnahen, spielerischen Ebene vermittle. Der »Mensch-das-probier-ich-gleich-mal-aus!«-Impuls soll in Dir aufkommen. Und solltest Du es nicht abwarten können, lege das Buch kurz beiseite, um meinen ersten Kniff sofort in der Praxis anzuwenden.

Doch nun zurück zum Eigentlichen.
Oft werde ich gefragt: »Olaf, ist die Äußerlichkeit eines Individuums tatsächlich ebenso wichtig wie die innere Wertigkeit?« Jedem so Fragenden entgegne ich dann immer: »Der ästhetisch dargereichte Leib ist Hausnummer und Türschild, an welches unsere Mitwelt anklopft. Nachlass im Mühen um die Pflege desselben führt zu Isolanz vom reinlichen Restvolk. Und da sich die Mehrheit stets in der Überzahl befindet, bringt's nur Verdruss mit sich. Bedauerlich und beprangernswert allerdings ist die nur auf Äußerlichkeiten fixierte Wahrnehmungsfocussierung unserer Gesellschaft. Eine ausschließlich auf billige Reize, auf Trug und Schein konditionierte Optomanie!« Kaum ziert einer seinen Kopf mit einem mutigen Hut oder schmückt sich anderweitig mit energischem Accessoire – schon denkt man: Ahhh, beziehungsweise Ohoho! Doch ist nicht die äußere Form nur der Behälter für den Inhalt, also Bottich für die Seele? Wie spricht der Volksmund doch so schön?

»Rotkraut bleibt Rotkraut – egal,
in welche Schale man es gibt!«

Dies bedeutet: Der Eimer ist nur Mittel zum Gefäß!
Überhaupt sei an dieser Stelle eingefügt, dass mich seit
Olafgedenken ein besonders inniges Verhältnis mit dem
Eimer verbindet. Ja, fast ein Fetisch war er stets für mich.
Man verstehe mich nicht miss, ich weiß sehr wohl: Nur
Materie ist der Eimer, er geht den Weg des Irdischen und
wird zu Staub! Trotzdem habe ich an einige wichtige Eimer noch klare Erinnerungen, vielleicht, weil sie mir in
einer speziellen Lebensphase bedeutsam wurden, mich ver-
änderten oder Geschenke von guten Freunden waren. Kurz
gesagt: Der Eimer ist mein Lieblingsgegenstand. (Auf Platz
drei folgt übrigens direkt der Drehknopf, was daran liegt,
dass ich keinen zweitliebsten Lieblingsgegenstand habe.
Anderen möge das komisch erscheinen, mich stört es nicht.
Ich bin, wie ich bin!)

Du wirst es bemerkt haben, geschätzter Leser: Ich wich ab
vom Pfade des eigentlich zu Erzählenden. Über Hygiene
am Morgen wollte ich berichten, doch der Rahmen war zu
knapp bemessen, engte mich ein und – rummsbumms! – da
hab ich ihn gesprengt. Tja, so bin ich eben auch. Und ich
sage gleich: Solches wird noch öfter im Laufe dieses Buches
geschehen. Ich lasse mich nicht pressen – in festgefügte
Schemata oder Schabloni, wie es andere Schreiberlinge tun!
Ich zerdriesele das Korsett eines stringent abgewickelten
Plots, der gefühllos und gewinnspekulativ per Tastatur in
den Computer gedrückt wird. Kalt und digital? Nein! Ich,
Olaf Schubert, schreibe noch analog, so dass der rote Faden
frei und spontan, die Farbe wechselnd, vom Wind des Autoren gebläht, ungebremst durch meine Erzählungen mäan-
dern darf. Der Bäcker schreibt nur über Brot, der Schuster
schreibt nur über Schuhe, der Schreiber schreibt nur über

Schrift, der Schubert aber, der schreibt über Sämtliches!
Wisse, Leser, dass dies zu Deinem Vorteil geschieht, denn
so erfährst Du vieles von allem.

Zum Beispiel auch, dass ich nun beabsichtigte, zum Bade
zu schreiten. Ich richtete mich auf. Keinem, der mir dabei
hätte zusehen können und nur einen Funken Sachverstand
besäße, wäre entgangen, dass in meinem Körper fünf Millionen Jahre geballter Evolution stecken und dort mehr als
nur gut aufgehoben sind.

Kurz genoss ich den aufrechten Gang, hielt dann inne und
verbeugte mich mental vor meinen Vorfahren, bin ich doch
einer der wenigen, die wissen, welche Dankbarkeit wir
ihnen entgegenzubringen haben. Wäre der *Homo Sapiens*
damals in der Steinzeit von ähnlicher Bequemlichkeit gewesen – wie der *Homo Heute* in der jetzigen Plastezeit –,
wohl kaum wäre uns die Behändheit und aufrichtige Zwei-
beinigkeit zuteil geworden! Noch immer säßen wir auf
allen vieren in unserer Doppelhöhlenhälfte dröge auf dem
Mammutfell und spielten »Urmensch, ärgere dich nicht!«.

Ich striff also meinen Waschpullunder über, ging nach links
in die Diele, vorbei am Musikzimmer und durchquerte den
angrenzenden Wintergarten, der den Nichtrauchersalon
mit der Gästetoilette verbindet. (Andere Menschen würden
anstatt »verbindet« wohl eher den Terminus »trennt« verwenden, mir aber steht das Gemeinsame, Vereinende näher
als das Abgrenzende.) Dann wandte ich mich halbrechts
in Richtung Schreibkammer, ließ das Spiegelkabinett links
liegen, schritt am Proberaum entlang, erklomm die Stufe
zum Flur, passierte die Ankleide, nahm den Fahrstuhl zum
Ballettsaal, von dort ging's durch das Kaminzimmer zum
Blauen Salon, der rechts vom Grünen Gewölbe, oberhalb
des Billardzimmers in einer Nische hinter den Konferenz-
räumen liegt, und angelangte nun am Bade.

Bewusst sind hier einige Leerzeilen eingebaut.

» Warum? «, fragst Du Dich?

Nun ...

... sie sollen Dich stutzig machen!
Und jetzt, da der Stutz über Dich gekommen ist, wirst Du hoffentlich bemerken: Diese Wegbeschreibung war natürlich gedunsenen Ausmaßes. Wer wirklich gläubte, ich wöhnte in einem solchen Tempel des Überflusses, der lege dieses Buch getrost beiseite, denn er lässt sich allzu leicht auf falsche Fährte locken. (Dieser Abschnitt war nur zur Überprüfung Deiner Aufmerksamkeit gedacht. In Tatsächlichkeit lebe ich in einem kleinen, intimen, ziegelnen Gesims mit wenig Schnick und keinem Schmack.)
Der tatsächliche Weg zur Nasszelle war also schnell gegangen, ich putzte mir dort diesen oder jenen Zahn, ordnete den Scheitel und schon waren alle relevanten Tätigkeiten absolviert.

TIPP

Für die Anfänger unter meinen Lesern liste ich die ersten morgendlichen Aufgaben noch einmal auf, die ich hier aus Gründen der Vereinfachung zum AOAK-Algorithmus zusammengefasst habe:

- *Aufwachen*
- *Orten*
- *Aufstehen*
- *Körperpflege*

Wenn man diese vier Punkte sorgsam abarbeitet, steht einem erfolgreichen Tag nichts mehr im Wege.

Also, war doch gar nicht so schwer, oder? Und nun, da wir gemeinsam die ersten Schritte in die richtige Richtung getan haben, wenden wir uns dem nächsten bedeutsamen Abschnitt zu: Der Planungsphase.

Um uns in die Materie einzufühlen, möchte ich Dir einen Text aus einem meiner frühen Lieder mit dem Titel »Stundenlauf« vorstellen, das ich auf meiner ersten Demotape-Kassettenproduktion (leider vergriffen – nicht mehr lieferbar) veröffentlichte. Ich sang damals:

> *Die Zeit ist ein roher Diamant,*
> *wir Menschen schleifen ihn klein,*
> *dann werden Tage Smaragde sein*
> *und Stunden funkelnde Rubine.*
> *Oft aber sind nur wenige Sekunden,*
> *gefasst in liebevolle Hülle,*
> *die edelsten Juwelen!*
> *Refrain: Fünf sind geladen,*
> *zehn sind gekommen,*
> *gieß Wasser zur Suppe,*
> *heiß alle willkommen!*

Klar, dieser Song hat schon ein paar Jahre auf dem Buckel – wie wir Singer- und Songwriter zu sagen pflegen –, und doch hat er bis heute nichts von seiner inhaltlichen Wucht eingebüßt. Da ich die Lyrics bereits damals echt stark fand, habe ich dieses Werk nur mit schlichter Gitarrenbegleitung aufgenommen. Ich hatte zwar ein fertiges Orchesterarrangement in der Schublade, doch diese Ballade brauchte keinen künstlichen Pomp oder säuselnden Zuckerguss. Obendrein war es schon damals anstrengend, die arroganten Orchesterbosse von der Qualität meiner Werke zu überzeugen und sie für lediglich ein paar Stunden Studioarbeit zu gewinnen. Vor lauter Blindheit, Eitelkeit und Visionslosigkeit suhlten sie sich lieber in den Klangpfützen der ewig gleichen Klassiker, anstatt mit mir über den Ozean der musikalischen Unendlichkeit zu segeln. Sei's drum! Meine Aufnahme wurde nicht nur im Verwandten- und Bekanntenkreis euphorisch aufgenommen.

Nach diesem kleinen Exkurs in die Musikgeschichte nun zurück zum Thema.

Um meinen Tag zu planen, wendete ich auch an diesem Morgen ein schon oft bewährtes Verfahren an: Ich kippte meinen Aufgabenzettel, meinen Terminkalender, meine Bedürfnisse und Erwartungen, also den kompletten Zerebralbeutel auf den geistigen Gedankentisch – mit Vorsicht, damit nur nichts hinunterfalle und womöglich in Vergessenheit gerate. Alsdann machte ich mich daran, alles Anstehende zu ordnen. Viel war zu tun. Nicht nur tägliche Standardaufgaben waren zu verrichten, wie Protest-Noten verfassen, herrschenden Politikern im Weg stehen, Freunde und Bekannte agitieren oder Müll vermeiden. Daneben stehen jeden Tag weitere bedeutungsvolle Herausforderungen auf meiner To-do-Liste. (Eigentlich finde ich **Anglizismen** ((vgl. Hintergrundinfo)) ebenso wie Abkürzungen nicht OK und setze sie wirklich nur ein, wenn sich ein inhaltlicher und semantischer Schulterschluss erschließt.) Diese ergeben sich zum Beispiel aus der Bewältigung unversehens im Beziehungstumult auftretenden zwischenmenschlichen Zanks. Meine langjährige Freundin Carola sei hier erwähnt, auf die wir im Laufe des Buches noch zu sprechen kommen müssen.

Anglizismen

Die englische Sprache hat im Laufe der Jahrhunderte fast die gesamte Welt unterwandert. Mittlerweile ist Englisch (im Gegensatz zur deutschen Sprache) bis nach Bayern vorgedrungen und scheint heutzutage genauso wichtig zu sein wie das Holz beim Schnitzen. Besonders drastisch erleben wir die Hegemonie des Englischen in der modernen Popmusik. Auf den Bühnen der Welt kommuniziert man auf Englisch, hinter der Bühne allerdings auch auf Französisch. Unsere germanische Muttersprache allerdings bleibt immer mehr auf der Strecke, und dies verurteile ich vehementest! Urdeutsche, poetische Begriffe wie

- Frühlingserwachen
- Notschlachtung
- Bronchialkatarrh

drohen, in Vergessenheit zu geraten. Deswegen bitte ich all meine Leser:

Lasst uns für unsere Muttersprache kämpfen –
und zwar all together!

Zusätzlich brauchte ich zeitlichen Raum, um mich spontan gegen plötzlich auftretendes Unrecht erheben zu können.

Was mich da von meinem Aufgabenzettel flehend anschaute, war also ein ganzer Klafter Holz. Nicht nur vor, sondern auch neben und vor allem hinter der Hütte. Doch außer eben jenem Holz galt es noch andere Materialien wie Plaste, PVC, Stein oder Verbundstoff zu behauen, und wer diese kennt, der kann ermessen, welch Herkulesarbeit es ist, dieses Konvolut von Aufgaben in das schmale Korsett eines 24-Stunden-Tages zu zwängen. Doch Leistungsdruck motiviert mich. (Ich lasse es hier unerwähnt, dass der klassische 24-Stunden-Tag für mich oft zu kurz ist, weshalb ich an vielen Tagen freiwillig zwei, drei Überstunden dranhänge, um mein tägliches Pensum zu bewältigen.)

Während Du all diese doch eher allgemeinen Ausführungen lasest, ratterten derweil unbemerkt die Synapsen mir im Hirn, koordinierten und dispatchten, bis der komplette Tagesplan auf meiner Schädelplatte lag.

Was genau an jenem Tage geschehen söllt, verrat ich hier natürlich keinesfalls mitnichten! Vielmehr will ich Deine Neugierde nähren, um Dich im Laufe dieses Buches mit unvorhersehbaren Geniestreichen zu überraschen.

Nur so viel sei verraten: An diesem Morgen hatte ich mir zunächst ein halbstündiges Zeitfenster geöffnet, über welches ich beliebig verfügen konnte. Mal sehen, dachte ich, was diese Freizeit mit mir macht! Wohin würde sie mich leiten? Zur kreativen Tat oder zum kontemplativen Innehalt? Gespannt wartete ich, was ich nun als Nächstes tun würde.

Da fiel mein Blick auf ein Foto, das ich auf einer meiner zahlreichen Wanderungen in der Hohen Tatra aufgenommen hatte. Ich erlabte mich nicht nur an der künstlerischen Qualität dieser fotografischen Arbeit. Auch die darauf abgebildeten, unendlich wirkenden Gebirgsketten weiteten mir die Seele. Wie schön ist doch die Welt, dachte ich und ließ mein Auge äsen. Aber leider noch nicht schön genug!, fiel mir der innere Olaf sofort in die Sinniererei. Denn obwohl sie rund ist, unsere Erde, hat sie noch zu viele Ecken und Kanten! Diese gilt es, weich zu schmirgeln. Und ich bin Bremsbacke und Schleifstein, der dem banal sich drehendem Mühlrad des Planeten den nötigen Widerstand entgegenbringt.

Draußen, die große weite Welt: Das ist genau deine Baustelle, Olaf, sagte ich zu mir – und hatte recht damit. Denn hier in meinem Wohngeviert, da war alles gut bestellt. Es gab System und klare Ordnung!

Ach, dachte ich mich hinsetzend und schnippte einen einsamen Brotkrümel vom Tisch. Würden die Mächtigen dieser Erde nur einen Moment beiseitetreten und ließen mich die große Welt so organisieren wie ich's in meiner Wohnung tu! Es wär' so vieles gewonnen für die Menschheit! Doch bockbeinig und widerborstig verhalten sich die sogenannten Experten, wenn ich ihnen meine sicherlich oft unkonventionellen, dafür aber umso effektiveren Lösungsvorschläge präsentiere!

Du als Lesender wirst Dich unvoreingenommen von der Qualität meiner Konzepte überzeugen können, denn ich stelle Dir jetzt und hier bisher noch unveröffentlichtes, praktisch nutzbares, geistiges Eigentum exklusiv und unentgeltlich* zur Verfügung.

1. In meiner Wohnung gibt es zum Beispiel keine Energieprobleme. Da ich fast alle elektrischen Geräte mit Akkus

---

* Übrigens: außer dem Preis, den Du beim Kauf des Buches hoffentlich entrichtet hast (!), fallen im gesamten Band keine weiteren Kosten an – das hab ich beim Verlag für meine Leser gegen viele Widerstände durchsetzen können.

betreibe, verbrauche ich so gut wie keinen Strom mehr. Sollte ich außerplanmäßig zu externem Energieverbrauch gezwungen werden, nutze ich ausschließlich Windstrom. Dadurch zieht es zwar etwas aus der Steckdose, dies nehme ich allerdings gern in Kauf.

2. Meinen Müll erzeuge ich in liebevoller Handarbeit selbst und verwende zu dessen Herstellung ausschließlich natürliche Rohstoffe wie beispielsweise Holz oder Tapir-Dung. Bei der Müllverwertung gehe ich äußerst umsichtig vor und habe mir angewöhnt, meinen kostbaren Atommüll getrennt zu entsorgen.

3. Den Hunger habe ich in meiner Wohnung endgültig abgeschafft. Zwar ernähre ich mich meinem Wesen entsprechend fast ausschließlich auf hochmolekular-feinstofflich-ätherischer Basis, doch gehe ich stets zur rechten Zeit zum Krämer und erwerbe Waren des täglichen Bedarfs. Auch sind meine Lager stets mit Naschwerk gut gefüllt, um im Sonderfall (S) nicht auf dem Trockenen (T) zu schwimmen beziehungsweise »auf dem Nassen zu sitzen«, wie es neuerdings heißt.

Wohl bin ich wissend: Manchen meiner Ideen haftet der Makel des Pauschalen an, denn sämtliche Probleme der Welt sind so einfach nicht zu lösen. Niemandem ist dies klarer als mir, doch wie gesagt: Ich allein vermag die Last der Probleme hier auf Erden nicht zu stemmen, ich kann nur partielle Anregungen geben. Umsetzen müssen sie andere und hier bist auch Du, Leser, in der Pflicht.

Die halbe Stunde Freizeit des Tages war mit diesen Gedanken als Ergebnis auf der Habenseite mehr als gut genutzt verstrichen. Nun schickte ich mich an, eine am Vortag begonnene Arbeit fortzuführen. Diese bestand in der Auseinandersetzung mit dem Problem, meine Lebensphilosophie praktisch und ressourcenschonend in den Alltag zu integrieren. Dazu muss man wissen, dass ich ein vom Wesen offener Mensch bin – offen für die Probleme, Träume und Sorgen anderer. Diese Lebenseinstellung unterstreiche ich, indem ich auch die Türen meiner Klause im wahrsten Sinne des Wortes ständig geöffnet halte – offen für Menschen, Ideen und Energien.

Der kleinkariert Nörgelnde wird schon mit dem Hufe scharren, um heischend einzuwerfen: »Geöffnete Türen verschwenden doch wertvolle Energie! Wärme entweicht, unnötige Heizleistung muss erbracht werden!« Das mag sogar sein, ich aber sage: Ich möchte eine freiwillige Wärme in meinem Wohnbereich, ich will sie nicht eingemauert und geknechtet wissen. Falls es ihr jedoch nicht behagt bei mir, ja dann soll sie getrost von dannen hasten! Allerdings bin ich überzeugt, dass sie sich wohlfühlt hier bei mir, die Wärme, und immer meine Nähe suchen wird – egal ob Türen offen stehen, ob es kalt, spät oder dunkel ist. Sicherlich hält diese Überzeugung den modernsten physikalischen Erkenntnissen unserer Zeit nicht stand. Das jedoch ficht mich nicht an, denn was ist schon Physik? Mein Motto lautet:

Physik ist falsch – Biologie stimmt!

Warum? Ganz einfach, man beobachte nur eine Blume: Sie wächst, sie lebt, entwickelt sich. Und wie sieht es mit einem Stück Aluminium* aus? Da tut sich nix – es liegt da oder fällt um. Beweis erbracht! Möglicherweise gibt es auch Argumente, die für die Physik sprechen. Aber, frage ich erneut, was sind schon Argumente? Nichts weiter als

---

* An dieser Stelle möchte ich an die geknechteten, mazedonischen Aluschmiede erinnern, die seit Jahrhunderten unter unmenschlichen Bedingungen die gewaltigen Aluminiumblöcke zu Alufolie verarbeiten müssen!

überbewertete Fakten. Ich bin jedenfalls nicht der Typ, der sich von Argumenten überzeugen lässt!
Mitnichten rücke ich von meiner Haltung ab – im intellektuellen Raum will ich ein geodätischer Festpunkt sein.

Nun galt es aber, den Gedanken des Wärmeverbleibs weiterzuspinnen.
Ich erhob mich, öffnete den Kühlschrank, erblickte ein Stück Butter, spürte die Kälte, schloss die Tür, nahm wieder Platz, strich mir den Scheitel breit, lief zum Fenster, sinnierte, blickte aufs Außenthermometer, las die Temperatur, folgerte Schluss, hetzte geschwind zurück zum Tisch und schrieb:

Mufrum glabbt Striegl, pallpa neblo iggtegirr –
hombsch gen sundevit foron, obla frigidus. *

(Ich habe mir angewöhnt, meine wichtigen Gedanken verschlüsselt zu notieren, damit diese nicht missbräuchlich zum Bau von Massenvernichtungswaffen verwendet werden können. Aus Gründen der Verständlichkeit werde ich weitere Notizen nunmehr uncodiert wiedergeben.)

Ich war sicher: Der geöffnete Kühlschrank würde keinerlei Einfluss auf das Klima haben. Also notierte ich die Außentemperatur (zirka 19,52 Grad) und nahm mir vor, im Tagesverlauf eine Vergleichsmessung durchzuführen.
Sicherheitshalber schraubte ich die Kühlschranktür komplett ab, setzte mich wieder und sah, dass mein Werk gut war.
Zufrieden registrierte ich den ersten zählbaren Erfolg des

---

* Die Annahme, dass jeder Mensch seinen Kühlschrank nur täglich für zehn Minuten öffnen müsse, um die Globaltemperatur zu senken, ist falsch!

Tages. Dieser war übrigens ein dreifacher, denn erstens widerlegte ich im Handstreich einen weitverbreiteten Irrglauben, zweitens hatte ich mit der geöffneten Kühlschranktür erneut eine Barriere innerhalb meiner Wohnung niedergerissen, und drittens ist ein offener Kühlschrank natürlich ein zuverlässiger Garant gegen eine weitere Geißel der Menschheit: harte Butter.

• Wer trotzdem ein Problem mit harter Butter hat, der benutze ein Kissen – das ist weicher.
Und weil wir einmal dabei sind, gleich noch ein wichtiger Haushalts-Tipp hinterher:
• Teeflecke lassen sich vermeiden, indem man Kaffee trinkt.

Bevor Du aber nun in tosender Faktenflut versinkst, schlage ich vor, die Lektüre für einige Minuten auszusetzen, um das vermittelte Wissen in Ruhe verarbeiten zu können. Vielleicht lernst Du auch die eine oder andere These auswendig, um gut gerüstet im nächsten Kapitel mit der Ächtung von Atomwaffen und weiterem Wichtigen fortzufahren.

2. Von Kleidung, Ernährung und meinen Wurzeln

it etwas Übung ist das Ächten von Atomwaffen eine Tätigkeit, die fast überall völlig unkompliziert verrichtet werden kann und die es ermöglicht, simultan zusätzliche Aufgaben wie Staubsaugen oder das gesundheitsfördernde Knabbern einer Hülsenfrucht zu erledigen. So verbindet man geschickt das Wichtige mit dem Nützlichen. Beim Vorgang des Ächtens im öffentlichen Raum gilt es allerdings, einiges zu beachten:

TIPP

Halte Dich stets an die Straßenverkehrsordnung und achte darauf, dass Du in öffentlichen Verkehrsmitteln einen gültigen Fahrausweis besitzt!

Ich musste bereits mehrfach die bittere Erfahrung machen, dass es den willenlosen Kontrollschergen der öffentlichen Beförderungsmittelbereitstellerbetriebe egal ist, ob man für gute Zwecke unterwegs ist oder nur aus Lustgewinn – womöglich gar aus Langeweile. Doch ich bin mir sicher – der Tag wird kommen, an dem Menschen in altruistischer Mission kostenfrei am öffentlichen Personennahverkehr teilnehmen dürfen! Die Berechtigung dazu könnte über einen Inhaberpass erteilt werden – ähnlich dem heutigen Behindertenausweis, der obendrein noch die Beanspruchung eines Sitzplatzes legitimiert, welcher es dem Gerechten ermöglichte, sich etwas auszuruhen, wenn er abgekämpft von guter Tat heimwärts zu den Seinen zieht.

Doch nun zurück zum Heutigen, denn momentan zog es mich nicht nach draußen. Vielmehr gedachte ich entspannt in meiner Bude abzuächten, indem ich dabei ein wenig lese. Mein Bücherregal ist prüll gefallt (Mist! Druckfehler!). Vor allem Klassiker wie Goethe, **Hemingway** (vgl. Hintergrundinfo), Klopstock oder Schiller, aber auch junge, aufstrebende Autoren* wie Bertolt Brecht oder Benno Pludra sind aufgereiht zu finden. All die Großen der Weltliteratur ließ ich heute aber stehen und griff statt derer zu einer zerlesenen, uralten Kladde. Zärtlich und ehrfürchtig strich ich über den abgegriffenen Einband. Seit meiner Jugend stöbere ich in diesen Aufzeichnungen, die nur so strotzen von philosophischen Gedankenspielen, lehrreichen Parabeln und schier unglaublichen Erlebnissen. In Zeiten der Schwäche schöpfe ich hier Mut und Bestätigung, in Momenten des Kraftüberschusses finde ich hier Zweifel und Unsicherheit. Ein Werk also für jede Lebenslage, das trotz seiner intellektuellen Tiefe doch immer angenehm oberflächlich daherkommt. *Tagebuch meines Großvaters*, las ich auf der grauen Umschlagpappe. Noch nie hatte ich mir Gedanken gemacht, was es mit dieser mysteriösen Aufschrift auf sich haben könnte. Wo kam sie her? Wo wollte sie hin? Es klang geheimnisvoll! Mein Großvater dürfte seine Aufzeichnungen kaum selbst so genannt haben, überlegte ich. Soweit

---

* An dieser Stelle möchte ich noch einmal ausdrücklich betonen, wie sehr es mich freut, dass Du Dich mit diesem Buch für einen jungen, aufstrebenden Autoren wie mich entschieden hast!

Ernest Hemingway

Mein Lieblingsbuch von Ernest Hemingway ist »Der alte Mann und das Meer«. Dies ist kein besonders dickes, spannendes oder gar hochklassiges Buch. Das vielmehr Revolutionäre an Hemingways Plot ist, dass erstmals in der Geschichte der Weltliteratur ein Buch *komplett* auf dem Wasser spielt. Viele Schriftsteller, die Ähnliches probierten, sind bei diesem Versuch kläglich baden gegangen. Hemingways bis dahin unerreichter Kunstgriff war es, die Geschichte in ein Boot zu verlegen, dadurch ist Wasser als Element zwar allgegenwärtig, die handelnde Person aber bleibt im Trockenen. Dies ist umso wichtiger, wenn man weiß, dass Hemingway Nichtschwimmer war.

Dieses Buch machte Ernest Hemingway über Nacht zum Weltstar. In späteren Romanen konnte er jedoch nicht mehr an diesen Erfolg anknüpfen. Der zweite Teil von »Der alte Mann und das Meer« – »Der hornalte Mann und das noch größere Meer« blieb ein Ladenhüter. Seine beiden Alterswerke »Der junge Mann und die Talsperre«, sowie »Mirko am Scharmützelsee« wurden von der Presse gnadenlos verrissen. Kein Wunder also, dass Hemingway verzweifelte und Selbstmord beging. Sein erster Versuch, sich zu ertränken, scheiterte, da er aus Versehen schwimmen gelernt hatte. Am 2. Juli 1961 hatte er mehr Glück – also weniger – denn Ernest Hemingway erschoss sich, sinnigerweise mit einer Wasserpistole.

Sein Werk aber bleibt unvergessen.

ich recht informiert bin, war ich sein einziger Enkel, was zwangsläufig nach sich zöge, dass nur ich selbst das Buch so betitelt haben konnte. Ha, so musste es sein! Mit diesem geistigen Mehrwert im Rücken erkannte ich auch meine Schrift wieder. Man sieht: Mit ein wenig intellektueller Beckenbodengymnastik und etwas Kombinationsgabe gelingt es, fast jedes Rätsel zu lüften.

Löse auch Du Rätsel, um geistig fit zu bleiben, zum Beispiel dieses: Es ist rund, hat drei Ecken und wenn der Griff ab ist, sieht's schlecht aus. Was ist das? Sei kein Frosch, Du wirst es schaffen!

Was aber hat es nun auf sich mit Großvaters ominösem Tagebuch? Ich habe bisher nur sehr wenig von meinen familiären Hintergründen preisgegeben, da ich dem gierigen Mob sensationsgeiler Boulevardschreiberlinge nicht Futter liefern will, was dann reißerisch auf den Titelblättern der hiesigen Journaille ausgespien wird und mich ins Rampenzwielicht stellen könnte. Aus diesem Grunde werde ich auch an *dieser Stelle* des Buches keine Ausführungen über mein Privatleben tätigen sondern an *anderem Platz*, wo sie nicht so leicht zu entdecken sind.

Über Großvater hingegen kann ich hier sehr wohl berichten, braucht er doch das oft vorschnell und falsch gefällte Urteil der Irdischen nicht mehr zu fürchten, da er schon vor etlichen Jahrzehnten reinen Gewissens ins Angesicht des letzten, großen und ewigen Richters getreten ist.

Das meiste über **Clint O. Schubert** (vgl. Hintergrundinfo), meinen amerikanischen Großvater, weiß ich aus seinen Aufzeichnungen, denn während unseres kurzen Zusammenseins war ich leider noch zu jung, um daran eigene klare Erinnerung zu haben. Verschwommen taucht gelegentlich

Clint O. Schubert – Künstler, Entdecker, Opa und Humanist

Mein Großvater wurde als Waisenkind Ende des vorletzten Jahrhunderts in der Nähe von Texas im Süden Angloamerikas geboren (nähere Angaben liegen nicht vor). Im Alter von sieben Jahren wurde er von einem kalifornischen Joghurtfabrikanten adoptiert. Als dieser starb, hinterließ er dem damals Siebzehnjährigen ein stattliches Vermögen, welches der Fabrikant mit der Erfindung stillstehender Milchsäure gemacht hatte.

Clint O. Schubert sollte den Rest seines Lebens im Dienste der Forschung verbringen. Seine Studienreisen führten ihn unter anderem nach Schwarzafrika, in den Libanon, nach Tibet und an den Balaton. Im Zweiten Weltkrieg wurde er als stellvertretender Fährtensucher im dritten Marinekorps der US-Army im Erzgebirge eingesetzt, lernte dort meine Großmutter kennen und ließ sich in Deutschland nieder.

Berühmt wurde er durch seine aggressiven Streitschriften, in denen er unermüdlich gegen gesellschaftliche, intellektuelle, wissenschaftliche und philosophische Missstände seiner Zeit anschrieb.

Insider streiten noch heute, wofür das »O« in seinem Namen stehen könnte. Manche behaupten, es könne »Opa« heißen. Eines ist jedenfalls sicher: »Heiko« bedeutet es nicht. Übrigens vermutete meine Mutter, das »O« stehe für »Olaf«, woraufhin sie *mich* spontan so nannte. Bis heute übrigens. Clint O. Schubert starb im August 1976 in Döbeln.

ein Bild auf, in dem eine große bärtige Ungarin mit einem Beutel Kartoffeln um sich schlägt und dabei ruft: »Komm her, du Sack!« Vermutlich hat dieses Szenario aber nichts mit meinem Opa zu tun.

Oft habe ich Maria – meiner Mutter – Vorwürfe gemacht, dass sie mich erst so spät gebar, denn wäre ich früher auf die Welt gekommen, hätte ich mehr Zeit mit Clint verbringen können. Meine Mutter legte diese Vorwürfe allerdings ungeöffnet zu den Akten und verwies mich wiederum an ihre Mutter, hätte diese sie eher geboren und so weiter. Außerdem solle ich dankbar sein, denn sie selbst habe ausgerechnet: Hätten alle Mütter in der achthundertjährigen Geschichte der Schubert-Dynastie ihre Kinder nur fünf Jahre eher entbunden, wäre ich so früh geboren, dass ich vermutlich schon gestorben wäre, bevor mein Opa auf die Welt kam! Im schlimmsten Falle hätte ich sogar schon das Zeitliche gesegnet, bevor meine Mutter das Licht der Welt erblickt hätte! Dies zöge eine einigermaßen verworrene Verwandtschaftskonstellation nach sich, gleich einem *Circulus Vitiosus**, einem Schwanz, der sich ins Gesicht beißt.

Ich ließ die Dinge also, wie sie waren, und fügte mich – ausnahmsweise. Meine Bestimmung lautete, die Zukunft zu richten, und damit war ich ausgelastet. Da konnte ich mich nicht auch noch um die Vergangenheit kümmern.

Manchmal erzählt mir meine Mutter, was für ein ungestümer kleiner Rabauke ich als Halbwüchsling gewesen sei, und einzig mein Großvater wäre es gewesen, der den kleinen, wilden Olaf zu zähmen vermochte. Als Knabe saß ich oft auf den Knien von Opa Clint und lauschte angehaltenen Atems den unzähligen Geschichten, die er mir in gebroche-

---

* Ein Teufelskreis.

nem Deutsch darbot. Bei einer besonders spannenden Geschichte habe ich über 40 Minuten den Atem angehalten! Toll! Oder?

Auch heute noch spüre ich das unruhige Entdecker-, Wissenschaftler- und vor allem Künstlerblut meines Ahnen in den Adern wallen, von dem ich Intellekt, Begabung und Gott sei Dank auch den herrlichen Südstaaten-Akzent erben durfte, der heute perfekt in meinem sächsischen Dialekt untergeht.

Opa Clint war ein außergewöhnlich impressiver Künstler: Er knüpfte Wandteppiche. Auch mein Pullunder trägt seine Handschrift, denn dessen rhombales Grundmuster basiert auf dem Entwurf seines Motivs »Eierläufer« (»*Egg-Runner*« – wie er es titulierte), eines seiner frühesten Werke. Wenn ich heute ein Lied komponiere, kommt es mir gelegentlich in den Sinn, dass ich damit indirekt das Werk meines Opas weiterführe. Denn da, wo er mit seinen Wandteppichen aufhörte, knüpfe ich mit meinen Klangteppichen an.

Doch Clint war nicht »nur« weltentrückter Künstler, der das Leben aus dem goldenen, wandteppichbehangenen Käfig betrachtete. Oft zog es ihn selbst hinaus in die Natur, und auf seinen zahlreichen Wanderungen und abenteuerlichen Exkursionen zertrat sein Fuß so manches Areal, das bis dato unberührt geblieben war von Menschenhand. Er kannte die Welt. Und er kannte Entbehrungen, denn er wusste wohl, wie Möhre schmeckt und Hagebuttentee.

Ich sollte vielleicht noch erwähnen, dass Opa Clint ein »Neger« war. Ich verwende diesen mittlerweile obsoleten, weil diskriminierenden Begriff bewusst, da Großvater sich zeit seines Lebens mit großer Kraft für die Gleichberechtigung der farbigen Bevölkerung in Amerika eingesetzt hat. Auch dieses politische Engagement habe ich von ihm geerbt. Wie natürlich auch ein paar seiner Locken, welche nun auf meinem Schopfe ranken, und mit ein wenig Phantasie an sein dichtes, krauses Haar erinnern.

Gelegentlich spricht man mich an auf meinen Teint und fragt: »Warst du im Urlaub, Olaf? Du hast so schön Farbe bekommen!«

»Nein«, entgegne ich dann nicht ohne Stolz, »das sind die Spuren meines schwarzen Großvaters.«

Wie kein anderer also hatte Großvater Einfluss auf mein Œuvre. (Auch hier entschuldige ich mich für die unvermittelte französische Anglizisme. Ich kann zu meiner Ehrenrettung aber schreiben, dass ich um Parität in der Wahl der verschiedenen Fremdworte bemüht bin, denn ich werde auch Lateinismen, Tschechismen und Bulgarismen in den Text integrieren. Ebenso werde ich auf Germanismen zurückgreifen, die allerdings keiner Kennzeichnungspflicht unterliegen.)

In gewissen Stunden frage ich mich manchmal, was wohl ohne eben jenen Opa aus mir geworden wäre. Möglicherweise hätte ich einen handwerklichen Beruf erlernt und später eine Karriere als Fliesenleger oder Stenotypistin angestrebt. Ich glaube allerdings nicht, dass ich in diesen Bereichen auch nur annähernd die Erfolge erzielt hätte, die mir in meinem jetzigen Amte wie selbstverständlich zufliegen, da ich – wie ich schon öfter zugegeben habe – in puncto handwerklicher Begabung vom Schöpfer unter Quarantäne gestellt wurde. Es ist allerdings müßig, sich den Kopf über Eventualitäten zu zerbrechen, denn wie mein Freund und Bassist, Herr Stephan, immer sagt: »Hätte meine Tante ein Buddel*, dann wär's mein Onkel.«

* Ein männliches Glied.

Genug der Vorrede.

Ich öffnete das Tagebuch aufs Geradewohl und stieß auf eine Geschichte, die ich schon oft gelesen und teilweise bereits übersetzt hatte. Die komplette Story würde den Rahmen dieses Buches jedoch sprengen, weswegen ich hier nur einen auf das Wesentliche reduzierten Querschnitt wiedergeben möchte, der da lautet:

Schicksalsberg
      Basislager
          Stulp
             Schnorchel
                Tscherpa
                   kackbraun
                      Subzwilling
                        Fuck

Jetzt, da ich das Instant-Exzerpt lese, bemerke ich allerdings, wie wichtig und interessant diese Geschichte eigentlich ist. Deshalb stelle ich Dir kurz entschlossen die komplette Sequenz auf Seite 247 zur Verfügung. (Dafür muss natürlich eine andere Begebenheit gestrichen werden, und zwar die, in welcher der Schneider von Ulm sich in Omsk verlaufen hatte, weil er ..., aber das darf ich ja nicht schreiben, ist ja gestrichen. Schade – hätte ich vielleicht doch andersrum machen sollen, aber gut – jetzt ist's zu spät.) Hin wie her: Es bleibt also Dir überlassen, ob Du den Abschnitt auf Seite 247 sofort, später oder gar nicht liest. Hier ist Deine aktive Mitarbeit gefordert und Du hast bestimmt schon registriert, dass dies kein Buch ist, in dem der Leser – lümmelnd vor sich hinblätternd – darauf warten kann, dass Onkel Olaf ihm die Welt erklärt, nein! Diese und weitere literarische Bananenschalen wurden von mir bewusst gelegt, um Dich immer und immer wieder aus der blinden

Apathie des **Lesens** (vgl. Hintergrundinfo) gleiten zu lassen und Dich somit zum aktiven Nachdenken anzuregen.

Ich klappte das Buch befriedigt zu. Während ich mental Massenvernichtungswaffen vor mich hin geächtet hatte, war es mir wie nebenbei gelungen, ein literarisches Kleinod der Menschheit zuzuführen.

»Heute läuft's«, sagte ich mir und hörte das angenehme Brummen des Kühlschranks aus der Küche. Unvermittelt spürte ich einen kräftigen Hunger und freute mich somit auf ein ausgiebiges Frühstück. Das war nicht selbstverständlich, denn für viele Menschen türmen sich hier schon wieder die Probleme! Was soll ich essen? Kalt oder warm? Wie viel, wann, wo, warum, wie lange und vor allem mit wem? Den meisten Menschen fällt es schwer, die rechte Balance in puncto Ernährung zu finden. Manch einer ist durch Sachzwang, wie etwa eine Lohnarbeit voll Hast und Stress, verhindert, sich mit Kohlenhydrat und Eiweiß zu betanken. Das aber geht nicht lange gut, denn so wie Prometheus an den Felsen sind alle Irdenen an den Stoffwechsel gekettet.

Wehe dem, der sich mangelhaft ernährt! Beobachten wir ihn! Er ist einer wie Du und Du ein Redlicher! Er tut sein Werk, schmiedet Anker oder erschafft Gerät. Er ist tätig! Er strotzt! Strotzt vor Gesundheit, Kraft, Elan – eben von allem, wovon es möglich ist, zu strotzen. Nachdem nun aber Zeit vergangen ist, müsste er essen. Brot einspeicheln, Semmel kauen, Stulle malmen, Bemme katsch'n, damit in Magen und Verdauungstrakt, Säure und Enzyme der verschluckten Krume Energie abtrotzen und in die Blutbahn schießen können.

Aber nein! Schaut doch, was tut er? Der Wackere macht einfach weiter! Portioniert Silizium, näht Köcher, bindet Ruten.

Lesen

Lesen ist eine äußerst beliebte Tätigkeit, welche von breiten Schichten der Bevölkerung ausgeübt wird. Wissenschaftler und vor allem Pädagogen heben immer wieder pauschal die Bedeutung des Lesens hervor. Hier aber muss dringendst differenziert werden, denn wichtig ist nicht, dass, sondern, *was* man liest!

Man kann:

- Zeitung lesen
- Spuren lesen
- im Kaffeesatz lesen
- Kartoffeln lesen
- in der Hand lesen
- und vieles mehr

Ich persönlich lese am liebsten Schrift (nicht nur Über-, auch Unterschrift). Die häufigste Ansammlung von Schrift findet man übrigens in Büchern. Auch auf Kartons oder auf Hochhäusern ist Schrift vorhanden, oft aber zusammenhanglos oder schlicht zu groß, weshalb sich das Buch gerade für längere Texte als Trägermedium gegen Schallplatte und Zeppelin durchgesetzt hat.

Da! Erneut zwickt ihn der Hunger! Doch abermals hält er nicht inne. Sehet, wie seine Hand den Lahmen salbt, statt sich selbst mit Obst zu spachteln. Sein Mund lehrt Lernende und müsste doch Gemüse kleinern, das perestaltisch motiviert hinab die Röhre gleiten söllte.

Einmal noch folgen wir dem gleichen Kreislauf. »Schluck doch! Befülle deinen Schlund!« – sind wir geneigt zu rufen. »Halte Mahlzeit, stopfe deinen Wanst!«, bringen wir verzweifelt ihm entgegen, bangt es uns doch, da wir ahnen, was folgen wird.

Doch alles Hoffen endet jäh! Da, schon passiert's!

Saperlott! Er taumelt doch nicht etwa? Doch, er tut's! Nun rächt sich das, was unterlassen unser Freund. Hungerast, Konzentrationsloch, der gefürchtete Knick in der Leistungskurve. Und das womöglich auf der Zielgeraden! Nicht auszumalen, was passierte, wenn dies' Szenario so geschähe, denn Unbill droht dem unterzuckert Tätigen: Der Imbissiteur fritiert womöglich seinen Hamster, der Böttcher böttcht daneben und der Pastor? Der fragt den Bräutigam womöglich nicht: »Dann antworte mit ›Ja‹«, sondern: »Bring mir einen Rettich mit!«

»Verständlich, dass die Braut ihn kräftig mit dem Brautstrauß haut!«, hätte Wilhelm Busch zu seiner Zeit dieses mögliche operettenhafte Drama wohl beschrieben.

Ojeojeoje …

Derlei Geschehen aber könnt' vermieden werden, wenn ein jeder stets zur rechten Zeit sich seinen Speisebrei reinpfiffe. Viele, die ihren Hunger aus Zeitmangel überhören, sagen aber: »Jetzt ist der Appetit vorbei! Jetzt mag ich meine Suppe nicht mehr löffeln!« All jenen möchte ich ein altes sorbisches Sprichwort mit auf den Teller geben.

*Verfolge Deinen Hunger zurück, dann wird Dir
der Appetit entgegenkommen!*

In dieser scheinbar primitiven Volksweisheit steckt wesentlich mehr, als man auf den ersten Eindruck glauben mag. Die mit Meerrettich und Gurken gedopten Hirne der sorbischen Spreewald-Anrheiner verfügten schon zu früher Vorzeit über einen immensen Erfahrungsschatz in biochemischen Prozessen.

Somit wäre wieder ein Problem gelöst, andere Fragen jedoch bleiben offen. Ganz klar, denn das Thema Essen ist ein weites Feld. Groß wie der Acker, auf dem das Korn angebaut wird, welches Basis ist fürs Brot, das wir täglich *mumpelbautzen*.

Diesen sicher etwas infantilen Terminus kenne ich noch aus meiner Kindheit. Wenn es im Kindergarten ans Essen ging, verwendete die in meiner Kohorte zuständige Erzieherin Frau Manfred stets diesen Begriff: »Mumpelbautz.«

Schon als junger, unverbrauchter Olaf fand ich, dass die Albernheit dieser Wortschöpfung (über deren etymologische Wurzel ich bis heute weitestgehend im Dunkeln tappe) im krassen Widerspruch zum schneidigen Ton und dem recht rigiden Duktus stand, den man sonst an den Tag legte, wenn es darum ging, uns Kinder anzuhalten, die Mahlzeit einzunehmen. In Rotten eingeteilt saßen wir zu Tisch, und auf Kommando hatten wir die nur selten kindstypischen Gerichte löffelportioniert ins Brotloch zu schieben. »Esse deine Kartoffel auf, Tobias, hab ich gesagt, sonst gibt's kein Kompott zu mumpelbautzen!« Diese und andere Weisungen, in hörbar strengem Ton gehalten und grammatikalisch nie ganz einwandfrei, durchzogen die Kinderkaserne und endeten erst, wenn die Sättigungsbeilage komplett vom Teller vertilgt und die letzte noch am Löffel klebende Kaper (in der Hoffnung, dort übersähe die Pädagogin sie vielleicht) niedergeschluckt war. Dann, und erst dann durfte man als Lohn zum Kompotte greifen. Eingeweckte Birne oder säuerliche Süßspeisen anderen Formats, deren Verzehr fakultativ war.

Heute gibt es so etwas nicht mehr. Auch dank meines Einsatzes (den ich wie immer nur am Rand erwähnt wissen möchte) haben sich Essgewohnheit und Tischsitte erheblich gewandelt. Man stelle sich – dies von mir als Kind Durchlebte – heute vor: Ein wohlmeinender Arbeitnehmer begäbe sich samt der ihm in einer eheähnlichen Gemeinschaft verbundenen Gisela in eine Speisegaststätte, sie äßen dort gemütlich ihre mediterran zubereitete Eierteigware und bei Tisch, gleich neben dem Weinkübel, stünde ein paramilitanter Kellnerwebel, welcher blökte: »AUFESSEN, LEHMANN! SONST GIBT'S KEIN TARTUFO ALS KOMPOTT!« Niemand würde dies erdulden. Man verließe das Lokal und zöge sicher in Betracht, sogar Rechtsmittel einzusetzen, um dem vergällten Hauptgang einen juristischen Nachgang folgen zu lassen.

Etliches hat sich seit meinen Kindertagen also getan, auch in Bezug auf kulinarische Vielfalt. (Meine damalige Leibspeise »Ertrunkener Kürbis« ist fast gänzlich vom Essenszettel verschwunden und musste leider Platz für anderes machen.) Die Gesamtsituation hat sich gewandelt. Heutzutage ist der Nahrungssuchende längst nicht mehr der mühsam das Besteck haltende, unmündige kleine Mirko, vielmehr ist er Wirtschaftsfaktor, umworbener Kunde, der von seinem Gang zum Fleischer nicht nur mit Mortadella und Kindergesichtspastete beladen heimkehrt, sondern obendrein von der Wurstfachkraft eine Drucksache überreicht bekommt – den »Lukullus«, die kostenlose Monatsbeilage der Fleischfachinnung.

Wir halten also fest: Der Mensch von heute hat die Möglichkeit, zwischen vielerlei Angebotenem zu wählen, und seine Entscheidung bleibt es auch, was davon er oral verklappt. Hier beginnt aber auch seine Verantwortung! Ich für mich kann sagen: Ich brauche keine mit Oxford-Schaum besprühte Wachtel an Minzrahmsudpüree, kein Haschee von an Trüffelcreme kredenzter Pampa-Mastkalbshaxe, kein Pinguin-Ragout oder exotisches Bulgaren-Letscho, all dies aufgetischt von livrierten Lakaien in protzigem Ambiente. Nein! Was gibt es Schöneres, als mit Freunden in ehrlichem Raume sitzend, gemütlich bei einer Fettbemme abzuquackern? Nichts!

Da ich momentan allerdings weder Freunde zur Hand hatte, noch Lehm parat lag, um mir welche zu schnitzen*, entschloss ich mich, schon mal alleine mit dem Essen anzufangen. Ich schnitt mir eine kräftige Scheibe vom Malfa-Laib, strich Aufstrich auf und hieb mit 33 kerngesunden Zähnen kräftig in des Bäckers Machwerk.

Hmmmm! (Aufgrund des Wohlgeschmackes zog ich dieses »Hmmmm« länger, als ich es hier schriftlich wiedergebe. Es soll aber nicht der Eindruck entstehen, ich hätte mit einem vorsätzlich gedehnten »Hmmmmmmmmmmmmmmmmmm mmmmmmmmmmmmmmmmmmmmmmmmmmmmmmmmmmm mmmmmmmmmmmmmmmmmmmmmmmmmmmmmmmmmmm mmmmmmmmmmmmmmmmmmmmmmmmmmmmmmmmmmm mmmmmmmmmmmmmmm« versucht, Zeilen zu schinden, um dieses Buch zu strecken, damit es dicker und schwerer werde und im Laden mehr Gewinn erziele!)

Ich ließ es mir also in aller Ruhe munden und wusste schon vor dem letzten Bissen, dass auf dieses Brot sofort ein nächstes folgen würde, dann noch ein halbes und zu guter Letzt

---

* Unschwer zu bemerken: Hier hat der Schalk die Feder mir geführt!

vielleicht ein Viertelchen. »Dann aber ist Schluss, Olaf!«, mahnte ich mich, »Finger waschen und vorbei!«

Nur undiszipliniert der Völlerei Frönende finden kein Ende – wir alle wissen, wo das hinführt. Manche treiben es mit der Nahrungsaufnahme so weit, dass man denken könnte, sie äßen für die Dünnen mit! Schlemmen zügellos, werfen kulinarischste Happen ein, bis sich der Schlüpfergummi dehnt, Werst um Werst, vergeblich bemüht, den Schnitzelfriedhof zu umspannen! Doch ich will hier nicht den Alltagssmutje geben. Ich überlasse jedem selbst, die für sich optimale Balance in Sachen Ernährung zu finden, und begnüge mich deshalb mit einem relativ allgemeingültigen Tipp:

TIPP   Achte beim Essen vor allem auf Ausgewogenheit und Vielfalt! Gerade für Vegetarier, die sich ja ausschließlich von pflanzlichen Produkten ernähren, ist ein regelmäßiger Fleischverzehr als Ausgleich und zur Vorbeugung von Mangelerscheinungen unerlässlich! Studien beweisen: Wenn ein Mensch länger als drei Monate kein Fleisch isst, sinkt der Wurstspiegel im Blut unter den kritischen Wert von 8,1 Cmh*!

Nun denn, der Schmaus war beendet. Wie heißt es doch so schön?:

> »Nach dem Essen soll man ruh'n
> oder tausend Schritte tun!«

Obwohl diese alte holländische Weisheit nicht von mir stammt, kann ich sie Dir zur Nutzung nur wärmstens an-

---

* Cmh = Cervelat-Minuten pro Hämoglobinliter

empfehlen. Schon oft habe ich nach ihr gehandelt und entweder im lockeren Trab meinen Kiez abgeschritten oder in sanftem Schlummer das Horizontale gesegnet – je nachdem, wonach der Sinn mir stand.

Heut war klar, wohin das Pendel schwengelte: Die Ruhe hatte ich gerade hinter mir, jetzt hieß es, aktiv zu werden! Ich erhob mich also vom Tisch, doch nur, um sofort wieder in die Sitzgelegenheit zu fallen, denn Zweifel keimten in mir auf – wie die Samen der Wirsinge, die ich in meiner Dachrinne gesät hatte.

Es ist nun an der Zeit für ein sehr persönliches Geständnis: Nur ungern verlasse ich die heimische Klause. Nicht, dass nun der Eindruck entstünde, Verzagtheit hielte mich im Würgegriff, wenn ich mich anschicke, der aushäusig lauernden Realität die Stirn zu bieten. Oh, nein! Erstens verfüge ich über mehr als genug Stirn, die ich bieten kann. Und zweitens brauche ich keine schützenden Mauern. Denn der Pullunder – meine Drachenhaut, wie ich ihn immer ein wenig schelmisch tituliere – macht mich quasi unverwundbar. Dennoch: Das eine oder andere Unbill hält sie gelegentlich auch für mich bereit: die Alltagssituation im öffentlichen Raum.

Klar, im Reiche meiner kargen, aber schönen Weilstadt, da bin ich der Herr. Drum läuft's hier auch nach Plan, denn im heimatlichen Gehäuse habe ich stets Oberhand und Überbein!

Doch draußen? Da lauert manches, und um allem mit Wappnung zu begegnen, stellte ich mir – wie viele andere auch – die Kernfrage: In welcherlei textiles Wams hülle ich den Leib? Ich schaute also in meinen Kleiderschrank und registrierte erfreut: Für jede Groß- und Kleinwetterlage hingen hier Anziehsachen! Draußen wehte laues Lüftchen, wattene Cummuli-Wölkchen beflockten einen Himmel von erquicklich heller Bläue, und das bei circa 20 Grad Celsius.

Die eben geschilderte meteorologische Idylle entsprang natürlich zum Großteil meiner Vorstellungskraft, denn in meinem Großraumspind herrschte natürlich anderes Wetter als draußen (genauer gesagt, gar keins).

»Woher wusstest du aber um die meteorologischen Außenwerte?«, wird nun der interessierte Laie fragen. Ganz einfach! Der heutige war nicht mein erster Frühlingsmorgen – schon viele Frühlingsmorgene* hatte ich erlebt. Aus gespeicherten Erfahrungswerten vergangener Frühlinge und den Eindrücken, die ich momentan akustisch sammelte, vermochte ich geschickt ein virtuelles Gesamtkonstrukt zu erstellen. Dies ist ein alter Trick von mir, den ich auch schon in anderen Lebenssituationen erfolgreich angewendet habe. Auch Du kannst das! Denn auch Du bist imstande, Erfahrung und Realität in der Zerebral-Rinde zu einem völlig neuen Bild zusammenzumeißeln. Führe dazu folgende Übung durch:

TIPP *Bestimmt hast Du – wie viele andere ebenso – noch nie in Wirklichkeit eine nackte Frau gesehen. Mit einem einfachen Kniff kannst Du Deiner Phantasie auf die Sprünge helfen, denn in vielen Zeitschriften, selbst in deren Beilagen, finden sich sehr oft Aktfotos mit Nackten drinnen und drauf. Präge Dir ein solches Foto fest ein (am besten, indem Du es Dir gut merkst), allerdings ohne Gesicht! Wenn Du dann, zum Beispiel auf der Straße, eine richtige Frau siehst, denke Dir den gespeicherten, nackten Körper zum echten Gesicht dazu. Du wirst sehen, es funktioniert! Der Fortgeschrittene kann sich auch gleich die Kleidung*

---

* Morgens? Mörgene? Wir stehen noch am Anfang des Buches, ich bin noch nicht so richtig warm geschrieben und hab deshalb noch Probleme mit den Plurals.

*wegdenken. Dies ist natürlich schon etwas komplizierter
und erfordert einiges an Übung.
Ich muss hoffentlich nicht darauf hinweisen, dass ich
strengstens untersage, mit dem von mir vermittelten
Wissen unmoralische Handlungen zu begehen.*

Jetzt wollen wir aber lieber wieder übers Wetter reden.
Während ich die Außenwelt also bisher nur in meiner Vorstellung wahrgenommen hatte, galt es nun, durch den Einsatz von Sehwerkzeug Nummer eins und zwei zu prüfen, wie Realität und Phantasie ineinanderfußten.
Gewandt glitt ich zum Fenster, zwang ein vorwitziges Löckchen zurück in die Frisur und schaute in die Welt. Ich verglich das geschickt gesponnene Gedankenbild mit dem der Wirklichkeit, die mich umgab. Beinahe perfekt stimmte beides überein. Darauf konnte ich stolz sein. Nicht nur das Wetter war so, wie ich es mir erdachte, auch die Häuser, Grünflächen und Müllbehälter zeigten sich kooperativ und befanden sich exakt an der ihnen zugedachten Stelle. Einzig auf dem Parkplatz vor dem Haus tat sich Spliss auf in der Kongruenz. Leicht verstimmt registrierte ich diesen Lapsus. Jemand hatte ein in gewöhnlicher Weise dort abgestelltes Kraftfahrzeug in den Dienst genommen und hinterließ eine hämische Lücke im pittoresken Panorama! Ich gebe zu, mein Unterbewusstsein hatte wohl aus umweltschutztechnischen Gründen gehofft, dass derjenige, welcher ins Auto stieg, lieber mit dem Fahrrad führe. Aber weit gefehlt! Offensichtlich ist einigen oberflächlichen Leuten die Phantasie anderer Menschen egal.
Sei's drum, dachte ich. Die Sonne schien hell. Für mich, den Visionär und Vordenker, war es allerdings unumgänglich, erneut mit einer unbequemen Frage quer zu grätschen: Wie lange würde wohl das lebenspendende Gestirn noch seine warmen Strahlen niederbröseln lassen?

Eine eminent wichtige Question, denn gerade der April, dieser sprunghafte Schizophrenling, diese gesichtslose, meteorologische Charakterhure, wirft uns in puncto Kleiderordnung immer wieder Felsen vor die Fersen. Permanente Wechsel sind zu erleben: Sonne – Regen. Sonne – Regen. Sonne – Regen. Dann aber plötzlich: Sonne, jedoch kein Regen! Sondern erst kurz darauf Regen und hinterher Sonne! Und mit einem Mal plötzlich Wind! Nur Wind! Ohne Regen, ohne Sonne!

Wind ohne alles – sinnlos!

Schon oft habe ich darauf hingewiesen, den April in die Schranken zu weisen, habe einheitliche, verbindliche Standards für **Temperatur** (vgl. Hintergrundinfo) und Niederschlagsmenge gefordert. Doch hier bin selbst *ich* machtlos.

Es bleibt dabei: Der April stellt uns vor einige Aufgaben.

Im Winter scheint es einfacher, hier hilft der Blick aufs Thermometer, der verrät:

Draußen ist ein Grad Celsius, also brauche ich eine Mütze. »Fein!«, höre ich jetzt den Anfänger rufen, »dann brauche ich wohl bei fünf Grad fünf Mützen?«

Dies ist thermofachlich gesehen kalter Kaffee, denn logischerweise verhält sich der Mützenbedarf tangential reziprok zur Außentemperatur. Zusätzlich wirken mannigfaltige, andere Faktoren ein, die zu beachten sind: das politische Klima oder ein unvorhergesehener Kalter Krieg.

Was also war zu tun? Kurz entschlossen sprang ich auf und nahm – um auf plötzlich auftretende Wetterumschwünge vorbereitet zu sein – meinen beigen Anorak vom Garderobenhaken. Dieser ist im Niederschlagsfall wasserdicht (Vorteil 1) und – falls es nicht regnen sollte – zumindest blickdicht (Vorteil 2). Obendrein besitzt er eine im Kragen reißverschlüssig verpackte Kapuze, die man im Bedarfsfall rasch herausfriemeln und häuptig überstülpen kann.

Temperatur

Die tiefste, jemals gemessene Temperatur liegt bei exakt fast minus 273 Grad Celsius, also plus 18 Fahrenheit, was wiederum drei Nanokelvin entspricht. Sie wurde am 16. September 2003 am Chicago Institute of Technology in Boston erzeugt. Die Fabrikation einer solch extrem niedrigen Temperatur konnte nur in den USA gelingen, da die in Zeiten der Bush-Ära herrschende soziale Kälte optimale Voraussetzungen für dieses Experiment bot. Die Arbeit mit derlei extremen Tieftemperaturen ist natürlich hochgefährlich – ein Wissenschaftler des Teams hat sich bei diesem Experiment (Gott sei Dank nur leicht) erkältet. Während die Herstellung hoher Temperaturen vor allem über Wärmezufuhr erfolgt, werden im Gegensatz dazu tiefste Fröste ausschließlich mit Kälte hervorgerufen. Was bedeutet das für uns zu Hause?

Da wir keine extrem hohen Temperaturen brauchen, reicht es, wenn wir im Winter mit Wärme heizen. Oder mit Kohle.

Keinesfalls jedoch mit Hitze!

Die Herausstülpung der Kapuze sollte man möglichst schon vor dem Ernstfall im Trockenen ein paar Mal durchspielen, am besten zu Hause vor einem Spiegel oder im Notfall vor einem Regal. (Die Verstauung der Kapuze ist je nach Anorak-Typ verschieden, weshalb ich hier keinen allgemeingültigen Handlungsablauf vorschlagen kann – zur Not beim Hersteller Infomaterial anfordern!)

Wenn die Handgriffe sitzen, ist man gegen jeden Regenschauer gefeit, denn in Windeseile ist die Kopfbedeckung aufgetan. Mit diebischer Freude beobachte ich immer wieder Passanten, die aus Unwissenheit oder Arroganz die Vorbereitung unterließen und dann nestelnd, fluchend im Regen stehen und nicht wissen, wo sich die Kapuze befindet. Oder im schlimmsten Falle gar keine an ihrer Jacke haben. Meist unterlasse ich es, Hilfestellung zu geben, denn jeder Mensch muss seine eigenen Erfahrungen sammeln. Jenen Fahrlässigen wird das Erlebte eine lehrreiche Lektion sein, wenn sie mit nassem Haarteil ihr Tagewerk ableisten müssen.

Ich schlüpfte also in meine treuen Jersey-Beinkleider, zog mir den Anorak unter den Pullunder, warf einen letzten Kontrollblick in den Spiegel und dengelte den Haaransatz. Was ich sah, überzeugte mich.
Ich war nun bestens gerüstet und bereit hinauszugehen.

3. Von den Menschen

Kurz darauf befand ich mich glücklich auf der Straße. Der April zeigte sich milde und hatte sich entschlossen, beiseitezutreten, um dem Lenz einen gewissen Handlungsspielraum zu verschaffen. Doch bevor ich nun guten Mutes meinen Weg einschlug, ließ mich etwas innehalten.

Wer mich kennt, der weiß: Ich bin kein Mann der großen Gesten, ich suche nicht das Bad in der Menge. Doch heute und hier, unverhofft im städtischen Gewusel, auf Augenhöhe mit den Sterblichen, spürte ich eindringlich wie nie: »Auch hier, Olaf, ist dein Platz!«

Dieses Gefühl durchmannte mich umso heftiger, da ich ja – wie Du schon weißt – ein wenig mit mir ringen musste, um den Schritt ins Draußige zu wagen. Aber es schien recht getan, denn einfaches Volk, gewöhnliche Menschen umdrängten, ja umhasteten mich. Viele taten, als erkennten sie mich nicht, doch wie immer spürte ich verstohlene Blicke und erregtes Flüstern. Arndt G. aus dem dritten Stock des Nachbarhauses wechselte aus Scheu sogar die Straßenseite, als er mich erblickte.

Ja, dachte ich, während mir die Energie des Wärme spendenden, güldenen Himmelskörpers aufs Gebälk solarte, auch Einsamkeit ist eingepreist in die Kosten des Erfolges. Doch in diesem Moment überwog die Freude am Sein.

So nahm ich mir denn Zeit für all die Menschen, welche da trübe durch den Sumpf des Alltags hötzten, schenkte selbstlos freundliche Blicke und tröstendes Lächeln. Als unermüdlicher Arbeiter im Weinberg des Lebens pflanzte ich das Licht und jätete die Sorge von den Gesichtern so mancher.

Doch ich bin nicht nur der Olaf des Einzelnen, sondern immer auch Olaf der anderen. Ich muss mich gerecht unter den Bedürftigen verteilen! Von diesem Gedanken beflügelt, stellte ich mich den Verzagten entgegen. Ich konnte nicht mehr an mich halten, erhabene Mächte brachen sich Bahn, machten mich zu ihrem Sprachrohr, und ich rief dem Volke zu: »Seht euch um, ihr, die ihr beladen und unbeladen seid! Halm schneist sich Furche, die Natur erwacht! Wahrlich, ich sage euch: Nehmet euch Beispiel, schöpfet Mut ab!«

Sicherlich – unzeitgemäß wirkte meine Pose – wie ich dort auf der Straße stand, offen und unverkrampft meine Lebensfreude demonstrierend. Auch ich selbst erschrak ein wenig vor der Inbrunst, der einfachen Wahrheit und Direktizität meiner Worte. Normalerweise deklamiere ich in vierfüßigen Jamben, doch die Energien des Frühlings ließen mich Klartext sprechen. Betreten jedoch strömten die Passanten weiter, gaben vor, meine Botschaft nicht zu verstehen. Es wurde Zeit, konkreter zu werden!

Zwei Teenager, ein dickliches Männchen und ein leptosomes Weibchen wollten sich mürrischen Gesichtes an mir vorbeistehlen, da packte ich den Maskulinen am Arm, musterte ihn und sprach: »Was blasest Trübsal, du, wenn alles knospt und blüht?« Der Beleibte versuchte krampfhaft, meine Aura zu ignorieren, ich jedoch sprach ihm ins Gewissen: »Draußen auf den Feldern bringt der Landwirt seinen Samen aus! Du kannst ihn dabei unterstützen!«

Es war offensichtlich: Beide waren meinem rhetorischen Druck nicht gewachsen. Der Jüngling beäugte mich schweigend mit tumbem Blick, während sich die Göre mit einem hysterischen Kichern begnügte. Erbost ob solch offensichtlicher Begriffsstutzigkeit verlor ich ein wenig die mir sonst zueigene Ruhe und Gelassenheit.

»Ihr könntet zum Beispiel mal« – ich justierte den Sitz meines Gürtels – »was machen!«

»Hä?«, fragte die untergewichtige Pubertantin.

»Also ... was Nützliches!«, ergänzte ich.

»Hä?«, echote es aus ihrem fülligen Kumpel, während sie schnippisch an einer Zigarette sug und zutraulich fragte: »Wo hamse dich denn abgeworfen, Alter?«

Die Jugend ist in ihren Ausführungen gelegentlich recht keck, dafür hatte ich Verständnis. Zudem schien mir das Mädchen wesentlich intelligenter zu sein, und so versuchte ich den Gesprächsfaden in ihre Richtung zu knüpfen.

»In deinem Alter« – ich wies cool auf ihre Zigarette – »hatte ich mit dem Rauchen schon das zweite Mal aufgehört!«

»Hast du ni alle Nadeln an der Tanne?«, mischte sich der Dicke mit mittlerweile aufrichtiger Bewunderung in unser Gespräch ein.

»Das mag sein«, korrigierte ich höflich, »doch erst, wenn wesentliche Teilmengen des Blattwerkes abhanden kommen, wird's bedenklich!«

»Sag mal«, versuchte er es nun auf die schleimige Tour, »bist du nicht diese singende Gesichtsfünf mit den komischen Liedern?«

Trefflich, trefflich!, dachte ich, ganz aus der Quarkmühle schienen sie nicht zu stammen. Immerhin – ich war ihnen bekannt! Ich glättete mir innerlich den Scheitel und entgegnete ihm: »Richtig, Heranwachsender! Ich bin der Liedermacher und Betroffenheitslyriker, dessen Songs von

Problemen handeln – auch von deinen! Denn ich singe von Dingen, die die Menschen bewegen!«

Die Untergewichtige schnaubte anerkennend. Er hingegen glotzte konsterniert. Ich deutete auf seinen unplanen, aufgeschwemmten Torso und fuhr unverdrossen fort: »Auch du hast Probleme!« Jetzt wurde es Zeit für Fakten: »Deine persönliche Abtropfmasse liegt eindeutig über dem empfohlenen Richtwert.«

»Was willst denn du Hungerhaken? Du halbes Hähnchen, Viertelfisch!«, entgegnete der Opulente, »Du hast doch nicht mehr alle Tassen im …«

»Mit dem Geschirr verhält's sich ähnlich wie mit den Nadeln am Gehölz«, unterbrach ich ihn. »Doch verzage nicht, Unförmiger! Abnehmen ist relativ einfach: Der Mond macht's uns vor! Vergiss allerdings nie: Ab und zu nimmt der Mond nicht nur ab, sondern auch zu!«

*Falls auch Du **Gewicht** (vgl. Hintergrundinfo) auslagern willst, beherzige Folgendes, es wird Dich überraschen: Albanische Studien haben herausgefunden, dass Abnehmen bei zunehmendem Mond leichter ist! Das liegt daran, dass der Mond beim Zunehmen Materie braucht – er gewinnt ja zyklisch wieder mehr an Masse, nachdem er vorher weniger wurde. Wenn der Mond nicht zu sehen ist, hat er seine Materie komplett an den Kosmos abgegeben und ist nicht nur nicht zu sehen, wie viele Wissenschaftler viele Jahrzehnte dachten, sondern ist tatsächlich weg – quasi inexistent. In der Phase des zunehmenden Mondes holt er sich die Materie aus der gesamten kosmischen Substanz zurück! Davon kannst Du auf feinstofflicher Ebene partizipieren, indem Du unserem Erdtrabanten abgibst von dem, was Du zu viel hast und nicht brauchst.*

Gewicht

Das erste Gewicht wurde im späten Mittelalter von den Brüdern Gramm erbaut. Es brachte zwar nur wenige Pfund auf die Waage, galt aber damals trotzdem als technische Meisterleistung.

Mittlerweile gibt es hochentwickelte Spezialgewichte, die bis zu einer Tonne wiegen können. Diese sogenannten H-Gewichte sind im Vergleich zu herkömmlichen Leichtgewichten äußerst schwer, aber auch dementsprechend teuer und empfindlich.

Um zu verhindern, dass die hypermodernen, kostbaren Supergewichte zu leicht werden, gibt es spezielle Gewichtheber, die die Schwere der Gewichte ständig überprüfen. Heutzutage allerdings werden Gewichte immer ungerechter verteilt, denn vor allem sozial schwache Menschen haben in den meisten Fällen kein Gewicht. Hier kann Abhilfe geschaffen werden, indem die Besitzenden, wenn sie schon nicht abgeben wollen, wenigstens etwas borgen:

Verleiht sozial Schwachen Gewicht!
Jedes Gramm hilft!

Kurz und bündig warf ich ihnen noch einige Wissenshappen zu, doch schon nach einer knappen halben Stunde reichte mir das Fräulein seinen aufrechten Mittelfinger. Ich wusste diese Geste der Sympathie sehr wohl zu schätzen und antwortete – in jugendlicher Zeichensprache gut bewandert – mit meinem ebenfalls erhobenen Zeigefinger. Es herrschte Einklang zwischen uns, und um diese mühsam aufgebaute gute Stimmung nicht unnötig zu zerreden, kam ich unverzüglich zur finalen Quintessenz meiner Ausführungen.

»Es geht nicht um äußere Werte. Lang und breit könnt ich euch dies erklären, doch dazu bin ich nicht gewillt zu dieser Stunde. Kauft euch mein Buch, dort steht, worum sich's dreht!«*

»Eines nur noch«, fuhr ich fort, »werd' ich euch vermitteln, und das bedarf nicht vieler Worte: Seht mich an!«, mein Rückgrat reckte den Olaf zu voller Größe, »Ich selbst bin untergewichtig, aber überbegabt! Wichtig sind eure emotionalen Feelings! Schnödes Denken ist out, sucht nach dem Apfel der Erkenntnis! Und wenn ihr ihn findet, schält ihn!«

Die letzten Worte meines Appells waren noch nicht verhallt, da erschütterte mich ein heftiger Stoß. Nur meiner außergewöhnlichen Körperbeherrschung war es zu verdanken, dass ich nicht zu Boden ging. Schnell wie ein Uhu im Sturzflug drehte ich mich um, und noch während dieser Bewegung – innerhalb von Minutenbruchteilen also – registrierte ich beruhigt, dass keinerlei bleibender Schaden an mir Haftung finden würde.

Was aber war geschehen? Wer rammte mich so unbedacht?

---

* In diesem Moment wusste ich zwar noch nicht, dass ich ein Buch schreiben würde – geschweige denn, was drin steht. Naja, vielleicht hab ich's ja irgendwie geahnt.

War Vorsatz hier im Spiel? Wollte man verhindern, dass ich die Wahrheit spräche? Es wäre nicht das erste Mal, dass dies geschähe! Bereit, dem Schubsenden eine geharnischte Replik um die Lefzen zu schleudern, suchte ich nach der Person, die mir den Stoßimpuls verliehen hatte. Aus den Augenwinkeln registrierte ich, wie sich die beiden Pubertanten heimlich verabschiedeten, und erspähte währenddessen den, der mir übel wollte, genauer gesagt den, von dem ich dachte, dass er mir übel wollte!

Gewissheit hatte ich nicht, woher auch? Vielleicht war er nur unachtsam? Oder führte er gar Gutes im Schilde? Womöglich kam er gerade aus der Sparkasse, hatte Geld gespendet für Schulen oder Brunnen, und es war so viel des Geldes, dass er beim Versuch, den humpigen Batzen durch den schmalen Annahmeschlitz zu schieben, sich die Finger klemmte. Und jetzt, im Freien, im offenen Raum, war er womöglich irritiert ob des Schmerzes, den er am Finger litt. Oder hatte er nur den Moment, in dem er Gutes tat, rückblickend verinnerlicht, um anderen davon zu berichten? War einfach losgelaufen, desorientiert, versunken in Gedanken, und hatte mich deshalb ohne Absicht derb touchiert?

Man sieht: Wie immer war ich gewillt, meine Unschuldsvermutung so lange aufrechtzuerhalten, bis ich den anderen von seinem Fehltritt überzeugt hatte.

Und so besah ich mir den der Übeltat Bezichtigten genauer, der unscheinbar und auch etwas verdattert vor mir stand. Ihm war der Vorfall sichtlich unangenehm, und ich erkannte keine böse Absicht. Er wandte sich um und entschuldigte sich höflich.

Sehr höflich sogar.

Um nicht zu sagen: *Zu* höflich!?

Auch wenn er mich sicherlich erkannt hatte und ihm deshalb sein Missgeschick nun doppelt peinlich schien, ließ sein überförmliches Gehabe meine Alarmglocke schrillen. Ich scannte ihn und zoomte näher: Er trug ein weißes, kurzärmeliges Hemd samt Schlips und in der rechten Hand einen kleinen, grauen Koffer. Ein Hartschalen-Reiseguttransportgefäß ist an sich nicht ungewöhnlich, doch jetzt sah ich das, was meiner bloßen Ahnung Nahrung gab:

Tatütata! Ein Tattoo!

Er trug dieses Stigma am linken Unterarm – direkt auf der Haut: Ein Datum, ein Gitter und etwas, das ich eindeutig als undefinierbar identifizieren konnte. Ich, der Insider, war sofort elektrisiert, denn es war zweifelsfrei: Dieser Mensch saß bereits im Kerker! Seine wild funkelnden Augen zeigten mir, dass er in seinem offensichtlich noch jungen Leben bereits Unrecht begangen hatte.

An dieser Stelle muss ich erklärend unterbrechen, um die nun folgenden Ereignisse plausibel darzustellen. Seit jeher gilt mein Interesse der gesamten Bandbreite der menschlichen Gesellschaft. Und gerade die im Abseits oder im Dunkeln Stehenden – besonders aber die, die im Dunkeln im Abseits stehen – verdienen es, meiner Zuwendung teilhaftig zu werden. Dies hatte ich bei den Pubertierenden praktiziert, und auch ihm, dem Gesetzlosen, würde ich die lenkende Mildtat meiner Präsenz nicht verwehren.

Anhand verschiedener, individueller Fallbeispiele arbeitete ich schon länger an Konzepten, die es ihm und anderen zwielichtigen Subjekten in naher Zukunft unmöglich machen sollten, vom rechten Wege abzukommen. Um es bildlich auszudrücken: Ich, Olaf Schubert, war und bin gewillt, griffsichere Geländer, festverdübelte Handläufe am Pfade der Tugend zu montieren.

Du, Leser, kannst mir übrigens bei meinem Projekt behilflich sein. Wenn auch Du am Rande der Gesellschaft lebst, bereits im Gefängnis inhaftiert warst oder demnächst vorhast, eines aufzusuchen, wenn Du in mafiöse Strukturen involviert bist oder gar planst, ein eigenes örtliches Syndikat zu etablieren, dann teile Dich mir mit – am besten auf dem Postweg. Es ist für mich immer interessant zu erfahren, wie Menschen abdriften konnten, zum Beispiel in die Legislative. Diese Erfahrungen werde ich zum Nutzen aller in meinen Konzepten verarbeiten. Das gelobe ich!

Natürlich musste ich vom Enttarnten erfahren, warum er ins Straucheln geriet, die Orientierung verlor und schließlich im sozialen Morast gelandet war. Bevor ich jedoch auf ihn einwirken konnte, wollte er sich meinem vorsätzlichen Zugriff entziehen.

Nicht mit mir!, dachte ich, versperrte ihm lässig seinen Weg und sah ihm offen ins Gesicht. Kurzum: Ohne den Verbrecher voreilig abzustempeln, trat ich umgehend mit ihm in Dialog. Als Erstes galt es, Eis abzubauen.

»Na?«, fragte ich beiläufig, »sind sie dir auf den Fersen, die Häscher der gewaltausübenden Organe im Staat, also hier – die Bullen?« Ich sprach die Sprache der Desperados, denn ich durfte ihn nicht misstrauisch werden lassen.

»Suchen sie dich schon lange?«, fuhr ich fort, »die uniformierten Handlanger der Exekutive, die Büttel des herrschenden Monopolkapitals? Du weißt schon« – ich griente verschwörerisch – »die Polypen!«

Seinem erstaunten Gesichtsausdruck entnahm ich, dass ich mit meinem Slang eine perfekte Punktlandung hingelegt hatte. Zwar kamen wir noch nicht direkt ins Gespräch, doch der Anfang war gemacht, der Funke war getaut.

Um ihn ein wenig aufzulockern, bestellte ich an der nächstbesten Bar zwei Gläser Whiskey. Dies wirkte umso lässiger, als weit und breit keine Bar, geschweige denn ein Getränkestützpunkt zu entdecken war. Der zufällig vorbeikommende Passant, den ich für diese Bestellung rekrutierte, würde also eine Weile brauchen, bis er lieferte.

Jetzt hieß es, einen Gang zurückzufahren, ich musste ihn in Sicherheit wiegen. Da ich den machohaften Gestus der Unterweltler perfekt beherrsche, trat ich einen Schritt näher und spielte mir dabei lässig am unteren primären Geschlechtsteil, also am Hodenbeutel.

»Wenn's sonst keiner macht ...«, sagte ich cool und schaute ihm frech, fast ein bisschen dirty in die Augen. Seinem gehetzten Blick war deutlich anzusehen, dass er sich ertappt fühlte.

Olaf, dachte ich selbstkritisch, jetzt bist du übers Ziel hinausgeschossen. Panisch blickte er sich um, offensichtlich auf der Suche nach einem Fluchtweg. Logisch! Er hatte Angst, ich würde ihm hier, in aller Öffentlichkeit, die Larve von der Maske reißen!

»Keine Angst, Unscheinbarer!«, flüsterte ich verschwörerisch. »Ich verpfeif dich nicht!«

Ich spürte den inneren Kampf, den er ausfocht. Sollte er sich mir anvertrauen, seine verbrecherischen Pläne mit mir teilen? Er hatte seine nächste Straftat sicherlich schon minutiös geplant, das war sicher. Wo wollte er zuschlagen? Wann? Wie? Wie oft? Und vor allem – womit? All diese Fragen schossen mir durch den Kopf, während ich ihn nebenbei unauffällig fixierte. Dies war natürlich nur aufgrund meiner ausgeprägten Multitaskingfähigkeiten möglich. Schon als Kind konnte ich viele Dinge gleichzeitig machen, zum Beispiel Fernsehen gucken und schlafen.

In Gedanken erstellte ich vorsorglich schon mal ein Täterprofil und eine **Phantomzeichnung** (vgl. Hintergrundinfo), sicherheitshalber nur in Schwarzweiß, um mir nicht zu viel auf einmal einprägen zu müssen. Urplötzlich aber überschlugen sich die Ereignisse. Das den Kriminellen von jeher angeborene Misstrauen gewann die Oberhand in ihm,

Phantomzeichnung

Die erste Phantomzeichnung wurde am 13. 2. 1937 von Sheriff Peter Pitches in den Vereinigten Staaten von USA der Öffentlichkeit vorgestellt. Diese revolutionäre Zeichnung hat die Arbeit der Polizei weltweit erheblich vereinfacht: Seit diesem historischen Tag wissen die Beamten und Beamtinnen endlich, wie ein Verbrecher aussieht. Natürlich blieb es nicht bei dieser einen Phantomzeichnung. Sheriff Jim McConnor aus Washington ließ 25 Jahre später noch eine zweite anfertigen, diesmal für Verbrecher*innen*. Die signifikantesten Merkmale des Verbrechers sind folgende:

- Nase
- Mund
- Auge
- noch ein Auge (im Normalfall).

Zur Vereinfachung lassen sich diese Merkmale zu einem Gesicht zusammenfassen. Viele Straftäter erschweren die Verbrechensbekämpfung allerdings unnötig, indem sie ihr Gesicht verhüllen und somit der breiten Öffentlichkeit unzugänglich machen.
Deshalb noch eine persönliche Bitte an die Verbrecher unter meinen Lesern:

Zeigt Gesicht!

Effiziente Prävention ist nur möglich, wenn Polizei und Straftäter an einem Strang ziehen!

brüsk schob mich der Outlaw hinweg, laffelte mich rüde beiseite, nuschelte etwas wie »durchgeknalltes Flugeumel«, unversehens verlor ich das Gleichgewicht, rammte eine Mülltonne, und während ich mich gewohnt feingliedrig in eine liebevoll bepflanzte Randsteinrabatte fräste, eilte er im Laufschritt hinfort! Gerade noch so gelang es mir, den Sturz elastisch mit dem Gesicht abzufedern. Es war so weit: Jetzt riss mir die Hutschnur, ich zog die Reißleine, verlor den Faden, der Knoten platzte – dieser halbseidene Galgenstrick ging mir nun wirklich auf den Senkel!

»Ein Olaf wie ich lässt sich nicht so einfach in den Rinnstein boarden! Und erst recht nicht zweimal!«, rief ich ihm hinterher, mittlerweile ehrlich entrüstet. Die Situation war höchstbrisant und drohte ohne mein Verschulden aus dem Ruder zu schlingern. Klar, wenn es um das Löschen krimineller Brandherde geht, wenn das Gemeinwohl auf dem Spiel steht, sind wir alle gefordert. Doch schien ich der Einzige, der die Gefahr erkannt hatte, niemand wagte es, den Verbrecher zu stellen! Im Gegenteil, keiner der Passanten – und es waren viele, die an diesem Frühlingsmorgen unterwegs waren – nahm die Verfolgung auf. Gleichgültig knetete sich die zähe Masse Mensch an mir vorbei. Klarer Fall: Ich musste hinterher!

Für diese spontane Entscheidung (inklusive Vor- und Nachdenken) blieb ich unter meiner persönlichen Bestleistung von 18 Sekunden. Bereit, aufzustehen, mich dem Missetäter umgehend an die Sandalen zu heften, entdeckte ich plötzlich ein Beweisstück, das ich unmöglichst ignorieren konnte:

Hollahi! Ein Handy!

Es lag neben mir auf dem Fußweg. Der mittlerweile Flüchtige musste es auf seinem kopflosen Rückzug verloren haben. Bevor ich die Verfolgung aufnahm, nutzte ich die Gelegenheit und griff es mir. Hier waren sicherlich wichtige

Informationen zu erbeuten. Ich wusste sofort, wo ich zu suchen hatte.

Verdammt!

Unter »K« wie »Komplize« war kein Eintrag zu finden.

Aber immerhin war klar, dass er alleine vorging. Auch noch unsozial, dachte ich leicht angewidert, will wohl den Gewinnst nicht teilen, der feine Herr Verbrecher. Diese neue Erkenntnis stachelte mich an. Rasch galt es zu klären, in welche Richtung er geflohen war. Ein Neuling wäre an meiner Stelle ratlos gewesen, ich aber blinzelte kurz in die Sonne, sortierte mein Deckhaar und wusste sofort: Ein Unterweltler wird immer dem Pfad nach unten, also bergab, folgen.

Ich persönlich bevorzuge diese Wege übrigens ebenfalls. Doch sind meine Beweggründe keineswegs krimineller, sondern ökologischer Natur. Jedwedes Transportmittel, ob Auto, Fahrrad, Schlitten oder Igel verbraucht bergab wesentlich weniger Kraftstoff – damit sinkt der Energiebedarf. Und gerade von dieser Energie könnte so viel eingespart werden, wenn sämtliche Straßen ausschließlich bergab gebaut werden würden! Dies habe ich übrigens schon oft gefordert. »Unmöglich, nicht realisierbar!« oder Ähnliches bekam ich zu hören.

Aber die Natur macht es uns vor. Denn bei den Flüssen geht's ja auch.

Klar war nun, wohin der Hase, der unlautere Rammler, lief. Die Marschrichtung stand fest: Er würde dem Gefälle folgen. Und selbst, wenn er das nicht tat. Ihm standen ja nur vier **Himmelsrichtungen** (vgl. Hintergrundinfo) zur Verfügung – und die beherrsche ich aus dem FF.

Wäre es jetzt nicht Zeit für eine kleine Pause? Sicherlich, die Lektüre ist spannend. Doch ich denke, ein kurzer Spazier-

Himmelsrichtungen

Ganz oben auf der Popularitätsskala stehen momentan *Norden, Süden, Osten* und *Westen*, deswegen führen sämtliche Straßen, Wege und Pfade in eine dieser Richtungen. Bis zum Ende des vorletzten Jahrhunderts gab es wesentlich mehr davon, wie zum Beispiel

- Konten
- Hinten
- Lasten
- Pfosten
- Kästen

Letztendlich aber haben sich nur vier Richtungen durchsetzen können, denn diese reichen aus, um sich im dreidimensionalen Raum zu orientieren. Im vierdimensionalen Raum benötigt man logischerweise eine zusätzliche Himmelsrichtung, welche anzeigt, aus welcher Richtung die vierte Dimension kommt.

Merke: Man benötigt immer eine Himmelsrichtung mehr, als es Dimensionen im vorhandenen Raum gibt.

Auch über das Erscheinungsbild einer zusätzlichen Dimension wird viel spekuliert. Mein Großvater hat übrigens vermutet, die fünfte Dimension sei »*irgendwie verdammt unaufgeräumt oder zumindest gelb*«.

gang würde Dir, Leser, nicht schaden, Deine Durchblutung anregen, und vielleicht findest auch Du die eine oder andere Gelegenheit, aktiv zu werden und die eben vermittelten Fakten in der Praxis anzuwenden.

lever, wie ich nun mal bin, ging ich strategisch vor. Damit war der lichtscheue Dunkelhut so gut wie gestellt. Natürlich – ich hätte es mir einfach machen und den nächstbesten Büttel über die bevorstehende Untat informieren können. Man bedenke jedoch: Ich bin niemandes Spitzel noch Zuträger und lasse mich nicht zum Steigbügelhalter der gewaltausübenden Exekutive degradieren. Um der unangenehmen Zwangslage des Spagats zwischen armumlegender, staatlicher Vereinnahmung einerseits und verantwortungsentzogener Beinfreiheitsverkürzung andererseits zu entkommen, entschloss ich mich zum einzig Richtigen: Es war nun Zeit für militärisch großangelegte Zivilcourage. So blies ich denn zur Attacke und marschierte bei mir ein. Alle inneren Organe in wehrfähigem Alter wurden mobil gemacht, mein Trommelfell enthaarte sich, ich zückte den Generalstab, ließ die Vorsteherdrüse strammer stehen, mutierte zum Rommel, zum Wüstenfuchs im Schubertpelz, ballte die Abwehrfaust und machte mich auf, den Deserteur standrechtlich einzukesseln. Das war, wenn man's zusammennimmt, ein erheblicher, armeetechnischer Aufwand – zumal ich mich ja bereits im frühen Alter von 18 Jahren zur pazifistisch entmilitarisierten Zone erklärt habe.

Los ging's! Ich umarmte Bäume, rammte Briefträger, wich

geschickt versteckten Hydranten aus, umrundete abgelaufene Parkuhren! Nach mindestens mehreren Metern hatzigster Verfolgungsbalz wurde mein Tunnelblick urplötzlich hellhörig, denn was musste ich erspähen?

Schalali, schalala! Ein Schaufenster!

An sich nicht ungewöhnlich. Doch in jenem prangte verblichen ein Plakat der Aktion: »Brot für die Welt!« Nun, eigentlich les' ich dies gern, nicht aber in der vergilbten Auslage der Bäckerei Friedrich. Rein oder nicht rein? Diese Frage stellte sich mir nicht – der Flüchtige hatte zu warten, denn hier gab es Diskussionsbedarf. Unverzüglich betrat ich den Laden.

»Ich will sofort den Verantwortlichen sprechen!«

Im Inneren der Backeria befanden sich ein fettiger Tresen, ein halbes Dutzend Menschen und Gebäck. Unmittelbar vor dem Verkaufsaltar ging ich in Stellung, die Umstehenden boten mir verständnisvoll Platz. Der Diensthabende, ein verschwitzter Mittfünfziger, fragte: »Nun, der Herr hat's wohl eilig. Was darf's denn sein?«

Ich ignorierte die plumpe Anmache und nahm fürs Erste die Personalien auf:

»Wenn Sie Ihr Vorgesetzter sind ...«, begann ich, doch dann galt es zu erkennen: Zweifellos, die Ouvertüre hatte ich verpatzt! Aber ich konnte es wieder richten und fuhr fort: »... dann möchte ich Sie gerne sprechen!«

»Ja?«

»Bäckersmann, verstehe mich nicht miss!«, begann ich einfühlsam, denn jetzt befand ich mich in sicherem Fahrwasser. »Ich achte dein Handwerk. Du lebst von ehrlicher Arbeit, von deiner Hände Fleiß. Allerorten seh' ich hier die Früchte deines Tuns und stell mir vor, wie du im Schatten deines Angesichts des Nächtens in der Backstube stundest und unverdrossen bukst im urigen Ufen.«

»Hä?«

»Na hier, im Dings, im Ofen!«, verbesserte ich *ihn*. Ich wies auf den Anschlag im Schaufenster und kam nun zur Sache.

»Ist dieser Unfug, dieser Mumpitz von dir?«

Er zuckte sprachlos mit den Schultern.

»Machst du's dir da nicht ein bisschen zu leicht?«

Ich lehnte mich über die Ausreiche und nahm ihn in rhetorische Beugehaft.

»Wir schicken mal eben Brot in die Welt, ja? Aber die **Wurst** (vgl. Hintergrundinfo) bleibt hier? Und dann sind alle satt für immer, oder wie?«

»Apropos satt,« pflichtete mir eine ältere Dame bei. »Ich hätte gern eine Zimtschnecke!« Mit allem nötigen Respekt vor dem Alter gab ich ihr zu verstehen, dass sie noch längst nicht an der Reihe sei.

»Sieh dich doch um, Mehlschaffender!«, sprach ich und wies auf volle Regale. »*Hier* gibt's doch schon Brot! Überall! *Woanders* wird das Brot gebraucht!«

Ich hielt kurz inne, wartete auf ein Zeichen des Verstehens, doch die Antwort war nichts als dröges Gegugge. Nun kam ich auf den springenden Punkt, aufs hüpfende Semikolon, auf den rotierenden Gedankenstrich, der da lautete: »Wir brauchen nicht Brot, sondern *Bäcker* für die Welt!«

Dies sprach ich, um zu vermitteln, dass aktive Hilfe zur Selbsthilfe mehr zu leisten imstande ist als passives Versenden von fertig portioniertem, krustigem Gebrösel. Mein Auditorium hatte sich erheblich vergrößert, mittlerweile standen etliche weitere Kekskäufer in der Schlange. Ich hakte nach.

»Hast du denn gar kein schlechtes Gewissen, Bäcker? Willst über den Wurmfortsatz der Nächstenliebe dir neue Absatzpfründe sichern und scheffelst in die eigene Quarktasche dabei?«

Verlegen versuchte er, sich meinen Argumenten zu entziehen und wollte der Kundin ihre Zimtschnecke veräußern.

Freundlich, aber bestimmt unterbrach ich den Verkaufsvorgang – so leicht lässt sich ein Olaf nicht vom Tortenheber drängeln – und fuhr fort: »Mach dich selber nützlich, verlasse diese Kuchenbude, nimm deinen Teigroller und zieh hinaus in die Welt! Wir brauchen dein Know-how an anderer Stelle!«

Der Bäcker zog es vor, weiter nur zu glotzen, und unternahm keinerlei Anstalten, endlich seinen Koffer zu packen. Hier lief es offensichtlich auf eine längere, verbale Auseinandersetzung hinaus! Da mir sehr daran gelegen war, die Diskussion auf so breite Ebene wie möglich zu stellen, versuchte ich, die Umstehenden ins Gespräch einzubinden.

»Was meinst du dazu?«, fragte ich die Zimtschneckenorientierte gerade ins Gesicht.

»Ich? Ach, ich bin zu alt, ich krieg meine Rente, ich …«

»Rente für die Welt?«, unterbrach ich, »das wär' wohlfeil bequem, ist jedoch leider nicht die Lösung.«

Ein korpulenter Müllfahrer verlangte plötzlich lautstark nach einem Schwarzbrot. Ich integrierte ihn in den Diskurs.

»Auch du, Entsorger, könntest dich einbringen! – Müll für die Welt …«, überlegte ich laut, »ich meine – das wäre doch auch was, oder?«

Nun kam ich ins Stocken. Blicke lasteten auf mir. Doch nicht nur Blicke, auch Zentner der Verantwortung türmten sich auf meinen Schultern. Die Menschen hier verlangten Antworten, und sie hatten ein Recht darauf – zumal sie ja nicht einmal gefragt hatten.

»Tja«, sinnierte ich weiter, »Müll … Müller … am Müllersten …« So kausal reißfest meine Argumentationskette bis hierhin auch gewesen war, nun steckte ich in einer polemischen Sackgasse.

»… Bullerjahn!«, hängte ich zumindest noch entschlossen hinten an. Dieser Begriff hatte mir in der vierten Klasse in

Wurst

Die Ursprünge der Wurst liegen im Dunkeln. Sicher weiß man heutzutage nur, dass die erste Wurst Anfang des 17. Jahrhunderts in Darmstadt von einem arbeitslosen Bäcker gebraut wurde. Bis in die frühen Anfänge des 18. Jahrhunderts wurde vermutet, die Wurst komme aus Wien. Neuere Studien widerlegen dies und legen nahe, dass es sich hierbei um die wesentlich später entstandene »Frankfurter Wurst« handeln könnte. Die in Halberstadt und Debreczin auftauchenden Vorläufer bringen ebenso wenig Licht in den Wurst-Dschungel wie die »Krakauer«, die »Eberswalder Wurst« oder die »Brühpolnische«.

Den heute so populären Begriff »Bockwurst« lesen wir erstmals in einer romantischen Ballade aus dem Zyklus »Fleisch« von Rainer Maria Rilke. Dort finden wir ebenfalls die Synonyme

- Tankstellenfasan,
- Imbissbudenhummer,
- Senfpeitsche und
- Dampfpimmel.

In Deutschland steht die Wurst aufgrund ihrer Bestandteile Darm, Wurstmasse und Bock mittlerweile am Anfang und am Ende der Nahrungskette zugleich. Im Jahre 2004 wurde sie zum zweitbeliebtesten Grundnahrungsmittel gewählt (nach der Bratwurst).

einer ähnlich verfranzten Situation einen großen Dienst erwiesen. Und er reimte sich nicht. Ich weiß nicht warum, aber das war mir wichtig in diesem Moment. Doch damit erzielte ich keinen didaktischen Raumgewinn. Es entstand eine für alle leicht peinliche, beklemmende Stille.

»Und sonst so?«, versuchte ich die Stimmung aufzulockern. Jetzt konnte und musste ich meinem Improvisationstalent freien Lauf lassen!

Ich gab dem Müllmann einen aufmunternden Klaps auf den Pops. Direkter Kontakt zur arbeitenden Bevölkerung war mir seit jeher ein Verlangen. Ich wusste, sein Beruf war hart und voller Mühsal, weshalb er für jede noch so kleine Ablenkung dankbar sein würde. Ohne mir dünkelhaft auf Abitur und Studien (Architekturstudium, Philologie, Altgriechisch und Altenpflege) etwas einzubilden, begab ich mich auf sein Niveau.

»Alles fit im Schritt?«, bot ich ihm kumpelhaft den Olaf an.

Der erhoffte Erfolg blieb aus, und als ich schon dachte, den Umstehenden erklären zu müssen, dass die Lösung eines Problems eben nicht immer so leicht zu haben sei, wie sie es sich mit ihren naiven Gemütern vielleicht vorstellten, sah ich hinter einem Kürbiskernbrötchenkorb ein Poster mit einer weiteren strittigen Offerte: »Brot statt Böller!«

»Helm ab, Frau Mütze!«, sagte ich sofort, um die Menschen mit etwas Positivem wieder aufzurichten. »Das ist doch mal ein guter Ansatz!«

Der Müllfahrer kam interessiert so nah, dass mich sein orangefarbener Blaumann blendete.

»Brot statt Böller«, fuhr ich fort, »ist ein Anliegen, das seit jeher meiner Wertschätzung gewiss sein kann! Denn das ist richtig und wichtig! Quasi richtig wichtig! – Können wir uns vielleicht mal ein bisschen konzentrieren?«, wandte ich mich mit erhobener Stimme an den Bäcker, der ungerührt begann, die Leute zu bedienen. »Ich erklär' hier grad, wo's langgeht, und du hast nichts anderes im Kopf, als deine Eierschecke zu verscherbeln!«

Harte Worte – laut gesprochen. Doch, wer wie ich die Wahrheit spricht, muss auch das Dezibel auf seiner Seite wissen.

»Also«, ich blickte mahnend in die Runde, »auch beim Thema ›Brot statt Böller‹ herrscht Handlungsbedarf. Seht!« – ich nahm dem Müllmann das Schwarzbrot aus der Pranke und hielt es für alle gut sichtbar in die Höhe – »so ein Brot knallt einfach nicht so laut wie Chinaböller! Auch ist es schwerer zu entzünden, grad an Silvester mit von Kälte klammer Hand. Und selbst, wenn man sich Mühe gibt, es fliegt bei weitem nicht so hoch wie die Rakete! Dem Verbraucher widerfährt Effektverschliss!«

Zur Demonstration warf ich das Brot energisch in die Luft und bewies mit diesem simplen, aber eindrucksvollen Experiment: Weder optisch noch akustisch ist das Brot dem Vergleich mit einem konventionellen Böller gewachsen.

Das Problematische an Experimenten in der Öffentlichkeit – gerade bei solch großen Versuchsanordnungen wie der meinigen – ist jedoch, dass man mit mehreren unbekannten Größen rechnen muss, die auf den Verlauf des Vorganges einen unvorhersehbaren Einfluss nehmen können. Im hiesigen Fall war es ein rotierender Deckenventilator (D), der dem Versuchsobjekt Schwarzbrot (S), eine völlig andere als die ihm ursprünglich zugedachte Bewegungsrichtung (B) verlieh. Denn als das Versuchsobjekt (S) mit jenem an der Decke baumelnden Miefquirl (D) kollidierte, wurden die von mir in aller Eile berechneten Kraftdiagramme ad absurdum geführt, die elliptische Flugbahn des Brotes nahm jähe Wendung. Das Sauerteiggeschoss flog quer durch den Raum, zwischen mir (O) und der Rentnerin (R) hindurch und nahm zielsicher Kurs auf die Schaufensterscheibe (S2).

Ein bisschen Frischluft kann nicht schaden, dachte ich noch in meiner praktischen Art, da zerbarst sie schon.

»KLLIIIRRRR!«, klirrte es im Raum.

Auch wenn das Herz mir kurz in die Hose zu rutschen drohte, hieß es jetzt, ein besonnenes Urteil zu fällen und keine voreiligen Schlüsse zu ziehen. Denn verglichen mit der Wirkung, die meine Rede bei den Menschen hinterlassen hatte, konnte es sich bei der Scheibe nur um einen Kollateralschaden handeln.

Ich wartete also höflich, bis sich der ohrenbetäubende Lärm endlich zu legen gedachte.

»Na, das Brot war wohl von vorgestern, sonst hätte es bestimmt nicht so eine durchschlagende Wirkung gehabt!«, sagte ich lächelnd und gab zu verstehen, dass ich Herr der Lage war. Der Gesichtsausdruck des Bäckers offenbarte mir jedoch, dass die Deutschen oft nicht zu Unrecht als humorlos eingestuft werden.

»Glaser für die Welt« wäre auch kein schlechtes Motto, überlegte ich kurz, aber da ich deutlich sah, dass die funkelnden Scherben die hier Anwesenden von einer sachlichen Auswertung des insgesamt als gelungen zu betrachtenden Experiments ablenken würden, schloss ich bündig meine Ausführungen wie folgt: »Alles in allem kann man sagen: Die Aktion ›Brot statt Böller‹ ist für einen Zweck. Und ich glaube, ich behaupte nicht zu viel, wenn ich vermute, dass ich denke« –, hier hob ich den Zeigefinger – »für einen guten.«

Bäcker, Müllmann und die restliche Kundschaft starrten mich reglos mit allen zur Verfügung stehenden Augen an. Nun ja, dachte ich, vielleicht ein paar Infos zu viel auf einmal, doch ein Blick auf meine innere Uhr verriet mir: Ich musste weiter, schließlich galt es, den Fliehenden dingfest zu machen.

»Wenn ihr noch Fragen habt, könnt ihr mich gern anrufen«, sagte ich leutselig, strich den Pullunder glatt und wandte mich vorsichtig, um mich nicht an den Scherben zu verletzen, dem Ausgang zu. Wildes Rumoren drang vom Laden auf die Straße. Kundschaft und Verkäufer waren offensichtlich uneins in der Deutung meiner Botschaft. Möglicherweise wurde auch die kaputte Scheibe thematisiert. Ich aber war in Eile, glücklicherweise hielt direkt vor der Tür ein Omnibus, den ich im letzten Moment erreichte. Wild gestikulierend rannten die Menschen dem Gefährt hinterher, allen voran der Bäcker, dicht gefolgt vom Müllmann. Beide hatten sicher noch viele Fragen. Doch für mich war es Zeit, weiterzuziehen. Ich hatte Anregungen gegeben und wusste: Der Acker war gedüngt, irgendwann würde die Furche kalben. Die Zeit der Ernte würde kommen.

Freundlich winkte ich diesen einfachen und doch so liebenswerten Menschen zum Abschied zu.

5. Von Streit, meiner Stadt und einem Fremdling

aktisch versiert suchte ich mir einen Sitzplatz in der hinteren Reihe, denn so war die Situation innerhalb und außerhalb des Busses gut zu überblicken. Sofort fiel mir auf, dass der Gesuchte nicht an Bord war, er flüchtete also zu Fuß. Nun gut!, dachte ich. Egal, wohin er sich wendet. In jedem Falle bin ich schneller unterwegs. Früher oder später werde ich ihn einkreisen.

Das mag dem einen oder anderen verwirrend erscheinen, ich jedoch hatte die tatsächliche Geschwindigkeit des Busses mit der angenommenen des Flüchtigen verglichen und war zu dem Ergebnis gekommen, dass ein Zusammentreffen relativ höchstwahrscheinlich war. Sowohl mein umfangreiches naturwissenschaftliches Faktenwissen als auch der kritische Umgang mit der **Relativitätstheorie** (vgl. Hintergrundinfo), die mein Opa Clint vor über hundert Jahren in seinen Aufzeichnungen so treffend als *»irgendwie verdammt fucking light«* bezeichnet hatte, verliehen mir dabei Sicherheit.

Die geistige Auseinandersetzung mit dieser Thematik betrieb ich natürlich nur mit einer Hirnhälfte, denn meine eigentliche Konzentration galt wie immer der Umgebung.

Der Bus hatte sich mittlerweile merklich gefüllt, etliche Mitfahrer drängten sich bereits im Gang, jede Lücke war mit Koffern, Taschen und anderen Turnbeuteln besetzt. Neben mir saß ein junger Mann so um die zwanzig, dreißig oder vierzig. An seinem dunklen Teint, dem zum Zopf gebundenen schwarzen Haar und nicht zuletzt an der Art, wie er mich anschaute – desinteressiert, aber ein wenig verkrampft: offensichtlich wusste er nicht, wer ich bin – erkannte ich, dass in seinem Hintergrund Migratives im Vordergrund stand, kurz: Es handelte sich um einen Ausländer.

Er hatte einen Rucksack zwischen seinen Beinen und las in einem Reiseführer, was für mich hieß, dass er zumindest Ausländer werden wollte. Andererseits gedachte er womöglich, einfach in den Urlaub zu fahren, mutmaßte ich ins Blaue hinein. Aber ich brauchte Klarheit – deshalb hieß es jetzt: Scharf nachdenken!

Das kannst auch Du! Falls Du unsicher bist, an Scheidewegen stehst, oder gar in eine lebenssituative Sackgasse gerätst, in der Du Dich eingekeilt siehst, ändere Deinen Gesamtblick! Brich Tabus! Spring über gedankliche Schranken! Die Realität ist vielfältig, denn die Wahrheit ist gekrümmt. Nimm Dir ein Beispiel an Galileo: Er hat als einer der Ersten angezweifelt, dass die Erde eine Kugel ist. Und wer weiß? Vielleicht bekommt er eines Tages recht?

Nun, hier ließ sich leicht herausfinden, woher die Axt im Walde blies! Umgehend leitete ich Konversationsmaßnahmen auf Ausländisch ein, einer Sprache, die ich wie viele andere internationale Slangs und Dialekte vollständig verinnerlicht habe.

»Foreigner – du?«, hub ich an und zeigte mit der Hand auf ihn, was so viel wie »Wo soll's denn hingehn, Fremdling?« andeutete.

Überrascht sah er auf und sagte mehrmals: »Magyar, Hungaro!« Er sprach also flüssiges Italienisch, was aber genauso

Relativitätstheorie

Seit langem gehöre ich zu den vehementesten Kritikern der Relativitätstheorie, die mir – wie der Name schon sagt – relativ theoretisch erscheint.

Diese These versucht zu erklären, wie und wodurch der Raum die Zeit krümmt (bzw. umgekehrt), ein Phänomen, welches auftritt, wenn verschiedene Materien auf Lichtgeschwindigkeit beschleunigt werden. Schon der Begriff der Zeitkrümmung erscheint mir mehr als schwammig, da sich eine entspannte Mittagszeit erwiesenermaßen wesentlich leichter krümmen lässt als eine spröde Steinzeit.

Bei der exakten Bestimmung der Lichtgeschwindigkeit beginnt die Krücke endgültig zu hinken, denn unterschiedliche Lichtarten wie

- Standlicht
- Bremslicht
- Rücklicht

haben logischerweise auch unterschiedliche Geschwindigkeiten.

Auch mein Großvater hat sich mit diesem Thema beschäftigt, allerdings relativ erfolglos, wie er in seinen Aufzeichnungen schrieb: »*Habe heute morgen vergeblich versucht, mein Müsli auf Lichtgeschwindigkeit zu beschleunigen. Shit!*«

Fazit: Die Relativitätstheorie ist falsch. In der Praxis allerdings hat dies keine Bedeutung.

gut als gasförmiges Inuit oder auch als staubtrockenes Polnisch hätte durchgehen können. Ich rätselte. Aber es wollte mir nicht gelingen, den Aggregatzustand dieser Sprache zu bestimmen.

»Hungaro, Magyar?«, fragte ich nach, worauf er nickte. Sosehr ich auch in den entlegensten Ablagen meines Gedächtnisses kramte, dieses Idiom wusste ich nicht einzuordnen. Offensichtlich gehörte es zu den vielen anderen Sprachen, die ich so lange nicht anwenden konnte, bis ich vergaß, dass ich sie eigentlich beherrschte.

Mit dieser Problematik hab ich übrigens des Öfteren zu ringen – niemals entfallen mir einzelne Details oder partielle Segmente eines Sachverhalts, sondern stets der gesamte Themenkomplex. Dies rächte sich schon manches Mal, beispielsweise bei einem paneuropäischen Singer- und Songwriter-Meeting in Antwerpen. Auf der internationalen Pressekonferenz wollte mir vor den versammelten beiden Journalisten partout nicht einfallen, dass ich perfekt Englisch spreche. Natürlich gelang es mir, mittels Gitarre und Gesang (auch die Bongos hatte ich dabei) einigermaßen über die Zeit zu kommen, doch nach zwei Minuten war die Luft irgendwie raus, und die Reporter verließen den Konferenzsaal.

Nun erging es mir ähnlich und aufgrund manch unangenehmen Erlebnisses in der Vergangenheit verlor ich schon früh wieder die Lust an der Unterhaltung mit meinem Nachbarn. Ich nickte ihm noch einmal freundlich zu und schaute dann hinaus in die Stadtlandschaft, die wie in einem fahrenden Auto an mir vorüberflog, nur tiefer, da man in einem Bus ja weiter oben sitzt. Alles, was ich sah, kannte ich seit Kindertagen, und mit jeder auch noch so kurzen Impression, die ich im Vorbeifahren erhaschen konnte, verband sich ein Stück meiner Vergangenheit.

Da, der alte, knorrige Kastanienbaum, an welchem einst der Schulweg uns entlanggeführt! So manchen Tags nach Unterricht und Hort hielten wir dort Stelldichein. Ein Erlebnis hat sich mir besonders eingebrannt.

Als ich hier, so war es Brauch, nach der Schule auf meine Kumpels wartete – sie hatten wohl wieder mal vergessen, dass ich für diesen Tag unseren klassen-, religions-, alters- und vor allem geschlechtsübergreifenden Gesprächskreis* angesetzt hatte – wurde ich Zeuge eines hässlichen Szenarios. Ein jüngerer und offensichtlich auch körperlich deutlich schwächerer Schüler prügelte wild auf zwei ältere und stärkere ein. Da ich bis heute keiner bin, der wegschaut, aber auch keiner, der hinschaut, sondern einer, der eingreift, griff ich ein. Kurz entschlossen schnallte ich meinen Ranzen ab. Nur mit der Brotbüchse bewaffnet rannte ich zu den Streithähnen und stürzte mich sogleich verbal ins Gekeile.

»Auseinander!«, rief ich. Den Kleinen kannte ich aus der Nachbarschaft.

»Hör auf, Tilo!«, forderte ich energisch und zog den noch immer wild um sich schlagenden Schwächeren hinten an der Jacke von den beiden weg. Wütend wollte er sich wieder losmachen, ich jedoch hielt ihn zurück.

»Lass ab!«, sagte ich scharf. Erst nach und nach wurde er ruhiger. »Schämst du dich denn nicht, Stärkere zu schlagen? Nur weil du weißt, dass du schwächer bist und die beiden sich nicht wehren werden, aus Furcht, dich zu verletzen?«

Jetzt, nach meinem eindringlichen Mahnen, kam er zur Vernunft und schaute betreten zu Boden.

»Betreten verboten!«, sprach ich streng. Warum, weiß ich bis heut nicht recht. Vielleicht weil ich jung war und alters-

---

* Die Tradition der offenen Gesprächszirkel wird heute leider mehr und mehr entfremdet und verkommt zu rein hedonistisch genutzten, offenen Gang-Bang-Kreisen.

entsprechend viel mit Wortspielen arbeitete, vielleicht aber auch, weil ich in diesem Moment in Schildern dachte. Egal, denn Antwort gab er trotzdem nicht, weshalb ich ihn mit seinem Schweigen konfrontierte: »Keine Antwort ist auch eine Antwort – und zwar die falsche!«

Es wurde still unter der alten Kastanie, schon damals brauchten meine Worte Zeit, um ihre volle Kraft zu entfalten.

»Mensch, Jungs«, begann ich nun, den Stärkeren die Welt zu erklären. »Ihr müsst euch verteidigen gegen Schwächere, sonst trampeln sie euch auf den Nasen rum!« Ich – der Realist mit Mut zur Vision, hatte schon früh begriffen, dass der, der sich im Recht befindet, dieses auch verteidigen muss. Sie hingegen hingen noch pseudokommunistischen oder parareligiösen Gleichheitstümeleien nach und versuchten nun, mittels umständlicher Ausflüchte ihre Lage plausibel erscheinen zu lassen. Ich jedoch wollte gar nicht wissen, worum's in dieser Sache ging, da mich das in meiner Unparteilichkeit nur eingeschränkt hätte. Um dem unschönen Zank nun einen optimistischen Neubeginn entgegenzusetzen, entschloss ich mich, auf symbolischen Gestus zurückzugreifen. Als Zeichen der Versöhnung gedachte ich, Brotkrumen zeremoniell zwischen uns vieren kreisen zu lassen. Außer einer Gurke fand ich jedoch nichts in meiner Vorratskapsel, und da es mir ein wenig unfein erschien, von einem angekauten Stück nassen Gemüses abzubeißen, tat ich etwas, das ich noch heute mit etwas Pathos unterbuttert »Die Speisung der Vier« nenne.

»Nun seid ihr Freunde – teilt, anstatt zu streiten!«

Ich reckte, nachdem ich die Alufolie entfernt hatte, die halbe Frucht gen Himmel und mir war, als hätten sich die grauen Wolken ein Stück weit aufgetan, so dass ein Sonnenstrahl uns heller leuchten ließ. Und ich sprach: »Aus Ermangelung von Brot breche ich die Gurke!« Das Vierteln einer Gurke ohne Werkzeug war übrigens gar nicht so einfach, weshalb sie beim ersten Versuch auf die Straße flutschte. Dies jedoch tat dem hehren Moment nicht den geringsten Abbruch.

Keinem, der dieser Geschichte aus meiner Schulzeit aufmerksam gefolgt ist, wird entgangen sein, dass Erinnerung und Phantasie sich hier zu einem wirren Knäuel zerzauselt haben und erst die geschliffene psychologische Pinzette dafür sorgen kann, Klarheit ins Geschehene zu bringen: Zweifelsohne war ich selbst der »Schwächere«, der auf die beiden Älteren eingeknufft und eingestoßen hatte. Ich besuchte damals die AG Sackhüpfen und war deshalb so fit und zäh – ich hätte es mühelos noch mit einem Dritten aufnehmen können. Bis aufs Blut hatten die beiden Rowdys mich gereizt, indem sie immer und immer wieder riefen: »Deine Schwester ist behin – dert, deine Schwester ist behin – dert!« Darüber geriet ich so in Rage, dass ich gar nicht anders konnte: Ich musste mich auf sie stürzen und meine Schwester verteidigen – obwohl ich gar keine Schwester hatte. Ich hieb mit allem, was ich hatte – auch mit Gurke – auf sie ein, und wäre mein Flötenlehrer, Kantor S.*, nicht eingeschritten, wer weiß, was dann geschehen wär'!
Er nahm mich mit, rügte mich aufs Schärfste und ließ mich zur Strafe etliche Stellen aus der Bibel abschreiben. Noch bis in den späten Abend saß ich arbeitend im Pfarrhaus, während die beiden Provokateure schon längst aus dem Krankenhaus entlassen waren.
Nur wenigen Heranwachsenden wurde die Gnade zuteil,

* Wer mehr über Kantor Stier erfahren möchte, den verweise ich auf Uta Mehl, die derzeit an meiner Biographie arbeitet. Wer mehr über meine Biographin erfahren möchte, findet Informationen in ihrer Lebenserinnerung »Olaf Schubert und ich«, geschrieben von Werner G. Wer mehr über Werner G. erfahren möchte, hat leider schlechte Karten.

solch intensiv geführte Konflikte durchleben und unter entsprechender Anleitung auch verarbeiten zu können. *Mir hat es geholfen, der Olaf zu werden, der ich heute bin.* Denn seit diesem Tag schweigt meine Faust – zumindest die geballte.

»Banjuohf?«, vernahm ich plötzlich wie aus weiter Ferne. Unvermittelt fand ich mich im Inneren des Busses wieder.
»Banjuohf?«
Erst nach und nach begriff ich, was mir da an die Schallmuschel laffelte. Der Bus hatte gehalten. Aus meinem analytischen Wachtraum gerissen registrierte ich meinen aufgeregt gestikulierenden Sitznachbarn.
»Banjuohf?«, wiederholte er ein drittes Mal.
»Nein, nein!«, wehrte ich ab. Mit allem, was mir zur Verfügung stand, schüttelte ich den Kopf.
»Nicht Bahnhof – Eichamt!«
»Eich...?«
»Eichamt!«
Sicher und energisch sprach ich dies, um klarzustellen, dass ich sein Grundanliegen verstanden hatte. Er hingegen schaute noch immer zweifelnd, aufgeregt auf mich und Fenster – und das mit gutem Grund, lag er doch richtig mit seiner Vermutung: Den Bahnhof hatte er verpasst. Nun, daran war er selbst schuld! Zu spät war es ihm eingefallen, zu voll war der Bus, um noch hinauszugelangen, und zu müde war ich, um aufzustehn und Platz zu machen.
Die Option, den Fahrer durch Zuruf zum längeren Halten zu ermuntern, wurde durch die Sichttafel »Gespräch mit dem Fahrer während der Fahrt verboten« eindeutig unterbunden. (Die Tatsache, dass der Bus stand und das Hinweisschild somit außer Kraft gesetzt war, sollte mir unser ausländischer Freund erst mal beweisen – mit seiner einbeinigen Sprachkenntnis!)

Tja, da hatte er sich selbst in eine unangenehme Lage manövriert. Sollte ich ihn aber jetzt und hier schonungslos damit konfrontieren? Er war allein in einer fremden Stadt und würde noch früh genug begreifen müssen: Hier, mitten in der City, wird nicht im Schonwaschgang geschleudert, hier geht's rund! In seiner Heimat (wo immer die auch sein sollte) mochte es anders zugehn. Dort mochten Amme und Zofe ihn verzärtelt umhätscheln, ihm mit »Heidschi Bumbeidschi« das Kissen weich schütteln und die warme Milch hinstellen! Davon konnte er sich verabschieden, denn bei uns in der Großstadt – viele 1000 Einwohner sprechen für sich – hieß es, jeder gegen jeden! Unterschiedliche Kulturen, Religionen und Stoßstangen prallten aufeinander. Er durfte froh sich schätzen, auf mich gestoßen zu sein, denn einzig mir oblag es nun, seinen Sturz in den bodenlos tiefen Abgrund zu verhindern. Oder zumindest abzufedern.

Sanft, aber unmissverständlich begann ich, ihn mit der Wahrheit zu konfrontieren, und servierte ihm den Fisch, den er sich selbst eingebrockt hatte, roh und schuppig, weder entgrätet noch filetiert. Immerhin aber auf dem sprachlichen Silbertablett!

»Hier Schmelztigel! Urban – überall!«, sagte ich und unterstrich das Wichtigste mit illustrierender Gebärde.

»Banjuohf?«, stieß er erneut hervor.

Dass er nicht lockerließ, enervierte mich ein wenig. Andererseits gab mir dies Gelegenheit, ihn jetzt und hier – da wir nun einmal unterwegs waren – in den Genuss einer mit begleitenden Erläuterungen und hintergründigen Anekdoten aufgewerteten Stadtrundfahrt kommen zu lassen. Exklusiv betreut von einem profunden Kenner der Materie. Zunächst hieß es, die leidige Bahnhof-Thematik zu beenden.

»Bahnhof dort – Directzione Top!*«, signalisierte ich und

***

* Internationalisme für »Richtung richtig!«

wies in Fahrtrichtung. Mir wäre natürlich lieber gewesen, er hätte aus sich selbst heraus Neugierde für Land und Leute entdeckt. Da dies leider ausblieb, musste ich zu dieser kleinen Notlüge greifen. Obendrein würde diese Ablenkung ihm zu etwas mehr kontemplativer Gelassenheit verhelfen. Wie sollte er sonst tiefe und bleibende Eindrücke sammeln? Loslassen und Abschalten gehörte, wie mir schien, nicht zu seinen Kernkompetenzen.

Während der Bus nun durch den **Verkehr** (vgl. Hintergrundinfo) zuckelte, begann ich, ihm die Stadt ein wenig näherzubringen. Ausführlich, aber stichpunktartig – das versteht sich bei der Sprachbarriere – erklärte ich ihm Straßen, Plätze, das Erotikkino und weitere Orte mit Geschichte, wie zum Beispiel jene Stelle, an der mir meine spätere Freundin Carola vor Jahren das »Du« angeboten hatte. (Damals entschied ich mich spontan für ein wenig Bedenkzeit.) All dies ließen wir, uns gegenseitig langsam näherkommend, hinter uns, und obwohl er noch ein wenig unruhig wirkte, gelegentlich »Banjuohf?« fragte und auf die Uhr zeigte, hatte ich das sichere Gefühl, dass das, was ich mit Inbrunst vermittelte, etwas in ihm zum Klingen brachte. Womöglich eine ganz neue Saite, die er von sich selbst noch nie vernommen hatte? Zumindest gab sein freundliches, wenn auch unsicheres Lächeln mir solches zu verstehen.

Urplötzlich stockte der Bus heftig, so dass die Passagiere rauem Straucheln unterzogen wurden.

»Nanana! Wohl den Führerschein in der Baumschule gemacht?«, wies ich den Fahrer scheinbar zurecht. In Wahrheit war dies nur eine ironische Bemerkung, die ich schon oft in ähnlichem Zusammenhang angewendet habe und damit immer die Lacher auf meine Seite brachte. Auch jetzt freute ich mich vollmundig und schaute mit sicherer Erwartung um mich.

Verkehr

Der Verkehr von heute wird durch verschiedene fortbewegungausübende Mobilate realisiert, welche die Personen- und Güterbeförderung ermöglichen. War der Mensch früher meist zu Fuß unterwegs, stehen ihm heute mit dem Schlitten, dem Zug, dem Floß oder dem Auto alle erdenklichen Möglichkeiten zur Verfügung. Viele andere Verkehrsmittel blieben im Laufe der Zeit im wahrsten Sinne auf der Strecke, wie zum Beispiel

- die Sänfte,
- der Zeppelin,
- das Huckepacktragen und
- das Beamen.

Der motorisch motivierte Vortrieb wird in der Regel durch Verbrennung von Kraftstoffen auf fossiler Basis (Diesel, Benzin oder Jagdwurst) erzeugt. In Ausnahmefällen wird mittlerweile auch Elektrizität verbrannt (zum Beispiel bei der Dampflok).

Den modernen, hochtechnisierten Verkehr der Neuzeit bezeichnen wir als Stau, denn er wird immer beliebter, und immer mehr Menschen wollen daran teilnehmen. In 18 Jahren wird der Verkehr übrigens komplett zum Erliegen kommen, dann kann Verkehr nur noch zu Hause ausgeübt werden – und dies ist nicht schlüpfrig, sondern zweideutig gemeint.

Wer unter meinen Lesern in den nächsten Jahren irgendwohin möchte, sollte sich also langsam auf den Weg machen!

Die Zeit stand schmunzelnd still, auch der Raum bog sich scheinbar vor Lachen, blähte sich zu einer Blase der Heiterkeit. Das unsichtbare Band der Freude umwehte uns, fast schien mir, als materialisiere es sich und zöge als filigran gewebtes, humoröses Spaßgespinst einen Kreis durch den Bus, ein winziger, transparenter Spaß-Erpel, der als unstet flatterndes Irrlicht für einen kleinen Moment die Gesichter der anderen Fahrgäste erleuchtete, um dann aus dem Fenster in die Welt zu entfleuchen. Mögest Du auch anderen Freude bringen, dachte ich lächelnd.

Unsere Fahrt ging weiter. Wir passierten das Einkaufszentrum, den Schuster und auch das Gewerbegebiet – eigentlich alles, was jenseits der von Mainstreamreiseführern empfohlenen, ausgetretenen Pfade zu entdecken ist, lag auf unserer Route. Nachdem wir die Eindrücke der Zweigniederlassung der Friweika Kartoffelwerke gemeinsam verarbeitet hatten, stieg ich unvermittelt, mit einem optimistischen »Tschau, enjoy it weiterhin!« aus. Das traf meinen ausländischen Begleiter sicher unerwartet, zumindest schaute er so. Ich aber wusste: Er war so weit, ich musste ihn ins Leben ziehen lassen, bevor er sich zu stark an mich binden würde. Ab jetzt musste er sich alleine durchbeißen und eigene Erfahrungen sammeln. Erst recht wollte ich ihm (und vor allem mir) eine große Abschiedsszene ersparen. Mit Sicherheit hätte er meine Adresse gewollt, um mit mir in Kontakt zu bleiben, dazu war mir unsere Bekanntschaft aber zu flüchtig.
Und eines darf ich ruhig hinzufügen, obwohl er ein Ausländer war: So richtig echt sympathisch fand ich ihn ohnehin nicht.

Hoho! Etliche Ellen liegen zwischen meinem Ausgangsthema und dem Schlusspunkt dieses Kapitels. Von meinem

Großvater über die Relativitätstheorie bis zum mentalen Loslassen in einer Stresssituation schlug ich eine Brücke. Fürwahr – ein gelungener Bogen, oder? Selbst an meinen Kindheitserinnerungen ließ ich Dich teilhaben. Ich gebe zu: Gern wär' ich jetzt an Deiner Stelle der Lesende und so in den Genuss gekommen, solch frei assoziierend kreisenden Gedanken folgen zu dürfen. Allein, ich weiß um die Unerfüllbarkeit dieses Wunsches, bin ich doch berufen, selbst zu schreiben, um andere zu erquicken. Aber es liegt mir fern zu jammern, da auch ich Lustgewinn als persönlichen Ertrag an mich abführe, wenn ich Dich im nächsten Kapitel weiter an meinem aufregenden Tagesgeschehen teilhaben lassen werde.

6. Von Reisen, Rentnern und einer SMS

ut eingehüllt in einen bunten Cocktail aus Busabgasen und anderen Schadstoffen stand ich also da und versuchte, mich zu orientieren. Ich brauchte ein kleines Weilchen, um zu realisieren, welches das Hier und Jetzt war, in dem ich mich befand.

Dies war eine Gegend, die von abschätziger Zunge gern als »Ghetto« oder »Penner-Biotop« bezeichnet wird. Ich jedoch tu dieses nicht, würden doch dadurch die Gefühle der Bewohner dieses leicht maroden und deshalb stark sanierungsbedürftigen Viertels aufs Deftigste verunglimpft werden!

Da Gevatter Zufall mein Sein an des Schicksals feinen Fäden hierher gelitten hatte, wollt ich die Gelegenheit beim Schopfe packen und versuchen, mir als Erstes einen Überblick über die soziale Situation in diesem städtischen Brennpunkt zu verschaffen. Ich schaute um mich und erblickte Alarmierendes: Menschenleere, bröckelnde Bürgersteige, nur ab und an mühte sich ein Pkw über die desolate Fahrbahndecke. Gewerblich nutzbare Lokalitäten waren verlassen, und nur wenige der leerstehenden Wohneinheiten schienen beziehbar. In manchen der zerfallenden Häuser erblickte ich einige ältere, ebenfalls im Zerfall begriffene Einheimische, die, übers Fensterbrett gelehnt, gelangweilt auf die Straße starrten. Immerhin, dachte ich, ein erster Erfolg. Es ist mir gelungen, Spuren von Restleben zu sichten!

Solange ich auch lief, jeder weitere Eindruck wurde zum Leberhaken für die Lebensfreude. Fast traute ich mich nicht mehr hinzuschauen, da zu befürchten stand, die energetische Vehemenz meines Blickes könne die sich mühsam aufrecht haltenden Mauern vollends zum Einsturz motivieren.

Warum ich unwillkürlich an **Mick Jagger** (vgl. Hintergrundinfo) denken musste, weiß ich bis heute nicht. Kurz darauf fiel mir meine Oma ein, deren Geburtstag ich letzte Woche wieder mal vergessen hatte. Und angesichts der vielen anderen Omen, Open und Rentner, die ich vereinzelt wahrnahm, überlegte ich, welcherlei Sitzkissen man ihnen unter die soziale Hängematte schieben könnte. Denn Komplexes kommt auf uns zu, ist es doch nun mal ein unumstößliches Faktum, dass die Menschen heutzutage immer länger leben. Warum aber wird der Mensch von heute immer älter? Einfach so, aus Gewohnheit? Oder aus Neid, so nach dem Motto: Wenn *der* so lange lebt, dann will ich das auch!

Ich weiß nur eines mit Sicherheit: Alle, die heute nicht mehr leben, verbindet ein kleinster gemeinsamer Nenner: Sie sind gestorben! Und auch Du, Leser, kannst ein biblisches Alter erreichen, wenn Du dieses stets bedenkst:

Ich darf einfach nicht vor dem Altsein sterben,
auch nicht mal kurz, so zwischendurch!

Allerdings – oft mangelt's an Respekt den älteren Menschen gegenüber, denn wie leicht vergessen wir: Hätte es die Generation unserer Eltern und Großeltern nicht gegeben, wären auch wir nicht auf der Welt. Wir sollten drum dankbar sein, dass sie genau das taten, was sie taten. Wäre zum Beispiel mein Vater im Laufe seines Lebens mit einer ande-

Mick Jagger

Mick Jagger komponierte Klassiker wie

- »Smoke on the Water«, »Let it be« und »Über sieben Brücken«.

In den sechziger Jahren des vergangenen Jahrhunderts gründete er die Rolling Beatles. Nach einer gescheiterten Ehe mit John Lennon nahm er jedoch Abstand von diesem Projekt und gründete die Rolling Stones, mit denen er erstmals internationale Aufmerksamkeit erregte, als er in einer beispiellosen Orgie in einem New Yorker Hotel dem diensthabenden Direktor den Schlips abschnitt und einem Zimmermädchen heimlich unter den Pulli griff.

Mittlerweile ist der Sänger der Rolling Stones älter als sämtliche Mitglieder von Tokio Hotel zusammen (plus Gewicht übrigens). An Rente aber ist für Mick Jagger nicht zu denken, da ihm die extrem unsozialen sozialen Sicherungsnetze in England einen ruhigen, würdevollen Lebensabend verwehren, wie er unlängst in einem seiner letzten Hits (*My Generation,* erschienen bei Polydor) beklagte.

So muss sich dieser bedauernswerte Mann seit fast einem halben Jahrhundert auf den Bühnen dieser Welt zum Uhu machen, um sich wenigstens das Lebensnotwendige verdienen zu können.

Das ist menschenunwürdig! Deshalb fordere ich: Gebt Mick Jagger endlich ins Heim! Niemand hat etwas dagegen, dass er dort in kleinem Kreise weitermusiziert. Er könnte sogar eine neue Band gründen: The Rolling Homes – sympathischer Rock auf Rädern. Dies allerdings nur als Denkanstoß.

ren als meiner Mutter zusammengekommen, hätte er nicht mich, sondern meinen Halbbruder gezeugt. Dies, verkünde ich mit Nachdruck, wäre der Menschheit zum Nachteil gereicht! Ich kenne meinen Halbbruder zwar nur flüchtig, aber er macht nicht den Eindruck, als läge ihm auch nur halb so viel an den Problemen der Zivilisation wie mir.

Wie aber können die Leistungen speziell der älteren Frauen endlich in angemessener Form gewürdigt werden? Bereits vor über acht Jahren habe ich in einem Brief an die zuständigen Institutionen gefordert, einen von staatlicher Seite zu feiernden Zentralgeburtstag einzuführen – womöglich in Verbindung mit der Schaffung des Denkmals »Für die unbekannte Oma«. An diesem Mahnmal könnten im Rahmen eines nachmittäglichen Staatsakts festliche Stiefmütterchenniederlegungen inklusive Darbringung von Eierlikör- und Pralinenopfern stattfinden. Ein würdiger Feiertag für lebendige, alte Menschen – sozusagen das Pendant zum Totensonntag – wäre erschaffen. Die entstehenden Kosten könnten sozialverträglich von der Rente abgezogen werden. Bis heute warte ich, abgesehen von der Mitteilung, dass mein Schreiben den zuständigen Abteilungen zur Weiterbearbeitung übergeben wurde, auf Antwort.

Ich denke, das Schweigen unserer Behörden spricht für sich.

Verbitterung hallte bei diesen Gedanken in mir nach, als ich nun eiligen Schrittes versuchte, den Weg in Richtung Stadtpark zu finden, wohin meiner Berechnung nach der Straftäter ja geflohen war. Gedankenversunken kollidierte ich plötzlich mit einer Rentnerin, die einfach so, ohne sich umzuschauen, auf dem Fußweg stand.

»Hoppla!«, sagte ich ohne die Spur eines Vorwurfs und bereitete mich auf den nach solchen Vorfällen üblichen kurzen Wortwechsel vor. Mit diesem Zögern hatte ich mir natürlich schon den Hauptgewinn an die terminliche Tombola getackert, denn einfach so weitergehen konnte ich selbstverständlich nicht mehr. So würde sich das negative Gesamtbild, das die betagte Frau garantiert von der Jugend* im Allgemeinen haben musste, nur noch verfestigen. Mit Sicherheit fühlte sie sich einsam und von der jungen Generation ihrem Schicksal überlassen. Ich musste ihr nun beweisen, dass es noch andere gibt, welche wie mich, die zuhören können und sich Zeit nehmen.

Sie wollte weitergehen, doch ich präsentierte mich als Gentleman der alten Schule, der ich ja trotz meiner Unangepassheit sein kann.

»Keine Hektik, ich opfere meine Zeit gern!«, sagte ich freundlich, »Wollen wir nicht ein bisschen quatschen? Über damals nach dem Krieg und so?«

Ich deutete auf einen schmuddeligen Imbiss, wo unter einem Schirm ein paar verloren wirkende Tische und Stühle ihr randgebietiges Dasein fristeten.

Für ihr Alter, das mir ja unbekannt war, sah die Dame relativ jung aus. Aus übergroßen Augen blickte sie mir durch eine unvorteilhafte, aber offensichtlich nützliche Hornbrille ins Gesicht. Auch sonst war sie von sympathischem Wesen geprägt. Umgehend beschloss ich, sie zu mögen.

»Ich muss zum Flughafen«, erwiderte sie, ohne auf mein Angebot einzugehen, »mit dem 94er.«

»Der 94er-Bus fährt zum Flughafen?«, fragte ich staunend und trat überrascht einen Schritt näher. Sie nickte und zog dabei ihre Handtasche fest an sich.

»Toll«, entfuhr es mir, denn so würde mein unbekannter, ausländischer Gast, der ja seinen Zug zweifelsfrei verpasst haben musste, den Zeitverlust kompensieren können, indem

---

* Obwohl ich die 30 überschritten habe, betrachte ich mich aufgrund meiner rebellischen Lebenseinstellung noch immer als zur Jugend gehörig.

er unkomplizierter Weise zum Flugzeug griffe. So einfach fügt es sich doch manchmal, wenn man den Dingen freien Lauf lässt! Auch für mich war diese Information von Vorteil: Wenn sie zum Flughafen wollte, war unsere Gesprächszeit automatisch begrenzt, stellte ich beruhigt fest. So hakte ich die Dame über, nahm ihr Köfferchen und machte mich daran, sie zur Bushaltestelle zu begleiten.

»Wohin soll denn die Reise gehen?«, fragte ich leutselig.

»Nach Ungarn«, entgegnete sie, »an den Balaton.«

»Aha, ich selbst bin auch gern unterwegs. Besonders mein unzähmbarer Geist ist stets auf **Reisen** (vgl. Hintergrundinfo). Allerdings braucht er kein schnödes Ziel, um anzukommen. Wo immer ich mich auch befinde, dort bin ich richtig.«

Um das Gespräch am Laufen zu halten, fragte ich, ob sie denn schon einmal in Ungarn gewesen sei. Sie verneinte. Jaja, dachte ich, Leichtsinn ist keine exklusiv der Jugend vorbehaltene Torheit. Geflissentlich wies ich auf die in exotischen Ländern wie diesem lauernden Gefahren hin. Sie sei auf alles bestens vorbereitet, versicherte sie, nur die Tatsache, dass die dortigen sanitären Anlagen wohl in schlechtem Zustand seien, trübe ihre Reiselust ein wenig.

»Das ist ein Vorurteil«, beruhigte ich, »denn meist gibt es gar keine.«

Erfahrungen dieser unangenehmeren Art habe ich selbst auf Reisen sammeln müssen. Wenn Du, Leser, im Urlaub Komplikation vermeiden willst:

• Vor dem Urlaub unbedingt auf die Toilette gehen! Und solltest Du aus Angst vor Ansteckungsgefahr den Kontakt mit einheimischem Speisepamp scheuen, gleich noch ein zweiter:
• Stelle Deinen Stoffwechsel ein!

Reisen

Im Wesentlichen unterscheiden wir drei Typusse des sich reisend Fortbewegenden:

Typ 1 (der Forschungsreisende) ist einer wie ich: Stets unterwegs im Dienste der Erkenntnis und dabei fest die große Sache im Blick, pellt er sich wissenswütig durch die Quitte der Offenbarung.

Typ 2 (der Pauschaltourist) ist einer, der dumpf nörgelnd konsumiert, was ihm der ausschließlich am Bakschisch orientierte, örtlich eingesetzte Handlanger der Unterwegsgeseie-Industrie vorsetzt. Während seiner Zeit im Ausland befindet sich der Pauschaltourist in einem gnadenlosen Blitzkrieg für die Reinheit. Jede Pore jedweder Materie hat knietief handgebürstet antiseptisch fungizid und klinisch rein Rapport zu tun. Erst, wenn der letzte versprengte Nanokrümel Restschmutz mit Strunk und Stiel ausgerottet wurde, wenn das letzte Widerstandsnest resistenter Bazillen bedingungslos kapituliert hat, wenn der letzte heimtückische fettige Fettfleck von der chemischen Keule niedergestreckt und für die nächsten zwei Wochen vom Antlitz der Erde vertilgt wurde – erst dann gelingt dem Pauschaltouristen die Versenkung ins Nichts, ins irdene Nirwana der Erholung, das Aufgehen in der Solarschwemme.

Typ 3, den Handlungsreisenden in grauer Limousine, der am Bestimmungsort nur Brotarbeit verrichtet, für den die Reise nur Übel in Form einer Überwindung von Distanz ist, der sogar noch meint, die Entfernung überlisten zu können, indem er sie möglichst rasch übertölpelt, jenen schließen wir hier aus.

Ich fuhr fort: »In puncto Hygiene kann man gerade im Ausland nicht vorsichtig genug sein. Auch mit dem **Wasser**«(vgl. Hintergrundinfo).

»Das stimmt: Wasser braucht man ja immer«, pflichtete sie mir bei, »zum Trinken oder zum Schwimmen!«

»Auch zum Regnen, oder als Waschwasser«, goss ich nach.

»Und als Wischwasser!«

Offensichtlich wollte sie das letzte Wort behalten. Das aber konnte ich nicht durchgehen lassen: »Abwasser ist auch wichtig!« Ich überlegte kurz und fügte dann hinzu: »Und Reservewasser.« Damit band ich den Eimer zu. (*Kölnisch-Wasser* behielt ich noch als Trumpf-Ass im Ärmel, brauchte es jedoch nicht auszuspielen, denn sie schwieg verdutzt.)

»Bedenke jedoch, Mütterchen«, schloss ich, »die Qualität vor Ort ist eher minder meist!«

»Furchtbar! Eine ehemalige Kollegin von mir hat mal Urlaub in einem Hotel mit sage und schreibe *sieben* Swimmingpools gemacht! Wissen Sie, wie sie die Wasserbecken nannte?«

»Wie denn?«

»Die chlorreichen Sieben!«

Sie kicherte vergnügt, und auch ich wusste diese Andeutung wohl zu verstehen. Man merkt daran, dass auch ein Gespräch mit alten Menschen inspirieren kann, wenn man es – wie ich – geschickt zu steuern vermag.

»Ich habe im Ausland immer zwei, drei Koffer Ersatzwasser am Olaf«, gab ich ihr zu verstehen und machte damit klar, dass auch ich meine Zunge nicht zu verstecken brauchte.

»Wieso?«, erwiderte sie. »Im Flugzeug darf man doch neuerdings gar keine Flüssigkeiten mehr bei sich haben, oder?«

»Kompliment! Sie sind ja trotz Ihres hohen Alters noch auf dem Laufenden!«, charmeurte ich. »Die Flüssigkeits-

Wasser

Wissenschaftler und andere Beobachtologen haben herausgefunden, dass Wasser die Wiege des Lebens ist. Dies leuchtet ein. Denn Lebensformen, die entstanden sind, bevor es Wasser auf der Erde gab, sind allesamt jämmerlich verdurstet. Auch gewährleistete das Wasser hygienische Mindeststandards, denn die Tiere konnten sich umgehend nach ihrer Entstehung waschen.

Unsere Erde ist einer der wenigen Planeten, auf denen es Wasser gibt. Auf unserem Nachbarplaneten, dem Mars, gibt es keins. Der Grund dafür ist einleuchtend: Dort regnet's nicht. Bei uns auf der Erde gibt es Wasser im Überfluss – vor allem aber in

- Talsperren
- Flüssen
- Mineralwasserflaschen
- Pfützen
- Beinen.

Fazit: Wasser gibt es überall, denn sogar die Ozeane steigen. Die Wissenschaft ist ratlos, doch die Lösung simpel: Offensichtlich läuft irgendwo was aus, deswegen bitte ich die Handwerker unter meinen Lesern:

Findet das Leck, irgendwo ist hier was undicht!

mitnahmeverbotsanordnung in Flugzeugen hat aber guten Grund!«

Jetzt war es an mir, einen spontanen Joke aus der Poperze zu zaubern: »Nicht, dass ein übereifriger Gärtner an Bord auf den Gedanken kommt, das Flugzeug zu sprengen!«

Der unvorbereitete Leser kennt mich wahrscheinlich nur als knochentrockenen, faktentreuen Mahner und Erinnerer. Ich denke, mit diesem geschickt in die Story eingeflochtenen Abschmunzler habe ich auch meine andere Seite präsentieren können. Und zwar jene, die nicht immer nur nüchtern der real existierenden Realität auf den Zahn fühlt, sondern auch den heiteren Aspekten des Lebens keinesfalls abgeneigt gegenübersteht.

»Aber mal im Ernst!«, wurde ich wieder sachlich. »Ich empfehle in komplizierten Fällen, wie zum Beispiel im Flugzeug, immer das praktische Trockenwasser. Dies ist, wie der Name schon schlau antizipiert, ein trockenes Pulver, das, wenn man es anfeuchtet, nass wird. Die Menge der entstehenden Flüssigkeit korreliert dabei mit der Pulvermasse in Abhängigkeit von Umgebungstemperatur und der jeweiligen Luftfeuchte!«

Das Fehlen jeglicher Reaktion ließ mich erkennen, dass die Aufnahmefähigkeit meiner Zuhörerin begrenzt war.

»Ich weiß, der Stoff ist ein wenig trocken«, hielt ich den Gesprächsfluss aufrecht und fuhr, um ihr wenigstens etwas mitzugeben, das sie behalten konnte, fort: »Bei der Erstellung von Trockenwasser halten wir uns an eine einfache, für jeden leicht verständliche Faustformel.«

»Ach, ja?«

»Je püffer das Pulv, desto fleucher der Flüff!«*

---

* Diese These ist übrigens eine der ersten, von mir persönlich entwickelten wissenschaftlichen Formeln, auf die ich auch heute noch zu Recht sehr stolz bin. Man bedenke zudem, dass ich Wissenschaft nur ehrenamtlich betreibe.

»Was?«

»Grob gesagt.«

»Je püffer das ...?«

»Das Pulv«, half ich ihr auf die Sprünge. Dies war natürlich stark vereinfacht. Der Profi weiß, dass sowohl die Feuchte des Pulvs als auch die Fleuche des Flüffs variieren können. Damit aber wollte ich sie im Moment nicht weiter belasten, hatte sie doch momentan genug zu tun, die bisher vermittelten Fakten zu verdauen.

»Mein Gott, Sie sind ja ein kleiner Schlauberger!«, lächelte sie und tätschelte mir die Wange. Ich ließ es geschehen, betrachtete ich ihre Geste doch als altersgerechte Bekundung von inniger Zärtlichkeit. Dann sagte ich: »Nur noch wenige verfügen heutzutage über das, was ich als Grundwissen bei meinen Gesprächspartnern voraussetze.« Ich lächelte sie entwaffnend an: »Das ist keine Kritik an Ihnen! Aber nun«, flüsterte ich verschwörerisch, »hab ich Sie ja zur Mitwisserin gemacht.«

So unterhielten wir uns weiter, die Zeit verging wie im Fluge während dieses angeregten Plauschs, und als ich ihr meine Ansichten über die wichtigsten anstehenden Sozialreformen darlegte, erreichten wir leider schon die Haltestelle.

»... deswegen bin ich seit langem für eine Legalisierung der Schwulenehe, auch für Heterosexuelle!«, konnte ich ihr gerade noch hinterher rufen, als sie in den Bus stieg und sich vor mir die Türen schlossen. Aus ihrem letzten Blick entnahm ich, dass es mir gelungen war, zumindest einen der zahllosen Risse zwischen den Generationen zu kitten.

Etliche, angeblich professionelle Professoren würden Jahre brauchen, um so etwas herauszufinden, langatmige, staubtrockene Artikel verfassen und sich weitschweifig in Fachpublikationen mit ihrer »Entdeckung« brüsten. Ich hingegen bin still und leise einfach froh darüber, die Entwicklung der Menschheit wieder einmal um ein beträchtliches Stück vorangetrieben zu haben.

Wehmütig winkten wir uns zum Abschied, als gäbe es die 40 Jahre nicht, welche trennend zwischen uns standen und verhinderten, dass mehr zwischen uns geschah.

Wie immer scheute ich mich nicht, meine Gefühle zu zeigen, und winkte noch immer, als der Bus schon längst als grauer Punkt am Horizont verschwunden war. Kurz malte ich mir aus, was gewesen wäre, wenn …

Aber genug! Ich musste den Kopf freibekommen! Nach diesem Intermezzo hatte ich mich nun wieder auf anderes zu konzentrieren – den Straftäter!

Wer denkt, jener wäre mir entwischt, bloß weil ich ihn innerhalb der letzten Stunde nicht zu Gesicht bekommen hatte, der liegt fälschlichst falsch. Auch wenn ich ihn nicht direkt sah, hatte ich ihn doch noch auf dem Schirm.

OoB-Taktik (»Observieren ohne Beobachten«) nenne ich das Verfahren, das ich hier zum Einsatz brachte. Dies klingt komplizierter, als es in der praktischen Anwendung ist, funktioniert es doch auf Basis simpler telekinetischer Oszillation im auralen Spektralraster des morphogenetischen Feldes. Die Wünschelrute, das Pendel, das singhalesische Skanutanalb, das angelsächsische »Eyeless looking«-Modul und weitere sensorische Werkzeuge arbeiten ähnlich. Mein Verfahren hat allerdings den Vorteil, dass es ohne externes Medium als Transmitter auskommt. In manchen Kulturen wird diese Fähigkeit übrigens als »hypoglaktischer Blick« bezeichnet.

Ich verließ mich also einfach auf meinen Instinkt. Um die Fährte des von mir verfolgten Gesetzlosen nach den zahlreichen, aber keinen Aufschub duldenden Ablenkungen nicht zu verlieren, hieß es nun, schnurstracks zum Stadtpark zu marschieren. Noch ehe dieser Gedanke Tat werden konnte, summte es wohlig in meiner Hosentasche. Verständlicherweise war ich kurz perplex, da ich erst begreifen musste, dass nur das Mobiltelefon des Gesuchten die Vibratos verursacht haben konnte. Welch Glück, dass ich es nach seiner überstürzten Flucht an mich genommen hatte! Auf dem billigen Display las ich folgende SMS:

MEETING IM K. EINE STUNDE FRÜHER. POLICE UND INVESTPLAN NICHT VERGESSEN. GRUSS, LUTZ*

Haha! Es war so weit! Der Startschuss war gefallen, der Kontakt hergestellt! Nun wurde ich Teil des großen Spiels. Aber ich war mir sicher: Ich würde nicht mitspielen! Mehr noch dachte ich, ich bin der Spielverderber, der Knüppel zwischen euren Beinen, der Rettich im Pudding, die Fliege im Porzellanladen, der Pavian im Pavillon, das Haar in der Perücke, die Tasse in der Suppe, der Iltis im Honig, der Phasenprüfer im Umspannwerk, ich bin die Katze ohne Sack!

Dir, Leser, gestatte ich nun erneut eine Pause. Vielleicht nutzt Du die Gelegenheit und tust etwas Sinnvolles. Du könntest zum Beispiel Deine Oma anrufen, sie freut sich bestimmt. Im nächsten Kapitel erwarten Dich weitere harte und weiche Facts sowie ein schönes Gedicht. Du darfst also gespannt bleiben!

* Wenn Du Dir diese Nachricht jetzt gut einprägst, ersparst Du Dir auf den folgenden Seiten unnötiges Umblättern.

7. Von Strippenziehern, moderner Technik und Gedichten

Den Beinen ordentlich die Sporen gebend – der Gerechtigkeit halber beiden gleichzeitig – erreichte ich nach einer Viertelstunde den Stadtpark. Seine Mitte bildete ein kleiner See, um den herum sich ein liebevoll geteerter Weg schlängelte. Jogger, Radfahrer, Fußgänger und andere, die sich einbildeten, unterwegs sein zu müssen, kreuzten meinen Weg, während ich überlegte, wie ich auf diese unvermutete SMS reagieren sollte. Ich nahm Platz auf einer der etlichen Bänke unter schattigen **Bäumen** (vgl. Hintergrundinfo), die den Müden zur Rast einluden.

Die Botschaft hatte einiges verändert. Ich wusste nun, dass der Täter doch nicht allein vorging und mindestens einen Komplizen hatte: Lutz. Aber, wer verbarg sich hinter diesem Deck- oder Klarnamen? Ein Drahtzieher im Hintergrund, ein Doktor No, ein Mister X, eine unsichtbare Krake, der es galt, Steine zwischen die verbrecherischen Tentakel zu werfen? Oder war auch er nur ein handlangernder Befehlsempfänger? Dagegen sprach der imperative Duktus der Nachricht, welcher darauf hindeutete, dass dieser Lutz es gewohnt war, Weisung zu erteilen. Umso wichtiger erschien es mir, den Flüchtigen zu finden. Egal, ob er die Fäden zog oder selbst nur Buratino* an einer Strippe war: Es sollte

---

* Russisme für Pinocchio.

mir ein Leichtes werden, ihn im persönlichen Gespräch von der Unrechtmäßigkeit seines Tuns zu überzeugen. Um mich vor der schädlichen Strahlung des Mobiltelefons zu schützen, hatte ich das Handy, das ich nun entgegen meiner Überzeugung mit mir tragen musste, tief in den Taschen meines Anoraks vergraben. Da ich mir die Information beim ersten Lesen sofort eingeprägt hatte, konnte ich ein umständliches Hervorkramen des Telefons vermeiden und rief mir die Nachricht aus dem Gedächtnis zurück. (In Absprache mit dem Verlag nehme ich Abstand davon, die SMS hier nochmals im Wortlaut wiederzugeben. Wertvolles Papier und kostbare Druckerschwärze würden durch diese Wiederholung sinnlos der Vergeudung preisgegeben werden. Obendrein entstünde eine dramaturgische Unwucht. Ich hoffe, Du bist meinem Hinweis von Seite 103 gefolgt und hast Dir Lutz' Botschaft eingeprägt. Falls nicht, kann ich Dir jetzt auch nicht helfen.) Dass ich diese SMS überhaupt erhalten hatte, war natürlich schon ein Riesenzufall, erschien es doch als unglaubliches Glück, dass ich mich gerade in dem Moment, als Lutz seine Nachricht sendete, direkt am Zielort befand, also genau da, wo er die SMS hingeschickt hatte: in den Stadtpark. Ich war nun endgültig überzeugt, dass der Unscheinbare hier auftauchen musste. Ebenfalls war klar, dass Lutz meist im Ausland operierte. Die Anglizisme in der SMS (»Police«), mit der er die gewaltausübenden Kräfte der deutschen Gesetzgebung tituliert hatte, verriet ihn.

Aber auch manche Ungereimtheit galt es noch zu deuten. Beispielsweise jenes »K.« – natürlich war es ein Synonym für den genauen Treffpunkt. Doch was bedeutete es konkret? Katakombe? Kühlhaus? Konsum? Alles Schauplätze, an denen Unterweltler häufig anzutreffen sind. Es gab aber noch Dutzende weitere Orte, die gemeint sein konnten. Zum Beispiel ein Kino (weil dunkel), Konzert (weil laut),

Bäume

Heutzutage sind Bäume hauptsächlich im Wald anzutreffen. Warum dies so ist, gehörte lange Zeit zu den großen Rätseln der Menschheit. Studien beweisen, dass bereits in den europäischen Urwäldern der frühen Kreidezeit vereinzelte Bäume wuchsen. Vom Erscheinungsbild ähnelten die ersten Urwälder eher großzügigen, unbeleuchteten Parkflächen, unterbrochen von partiellem, unregelmäßigem Rabattenbewuchs.

Der frühe Urmensch wusste noch nicht, dass Bäume im Wald, also in der Gruppe, besser gegen schädliche Umwelteinflüsse geschützt sind. Erst der belgische Förster Ruud van den Busch erkannte diese Zusammenhänge und regte Anfang des 17. Jahrhunderts an, größere Baumgruppen prinzipiell im Wald anzupflanzen. Eine visionäre Idee, denn bis heute stehen weltweit 81 Prozent der Bäume im Wald.

Immer mehr Bäume leiden unter negativen Umwelteinflüssen. In den letzten Jahren haben amerikanische Kiefer-Orthopäden immer wieder versucht, kranke Wälder mit widerstandsfähigen Kabelbäumen aufzuforsten, scheiterten bisher aber kläglich. Es fehlte einfach an kompatiblen HLX-Kastanienbuchsen. Heutzutage geht die größte Gefahr für den Wald von Bränden aus. Diese können durch kluge, vorbeugende Maßnahmen effektiv verhindert werden, und ich kann meine Leser nur eindringlichst bitten:

Fällt Bäume!
Je weniger Holz im Wald,
desto geringer die Waldbrandgefahr!

Koma (weil ruhig), Kohlrabi (weil gesund), oder Kambodscha (weil weit weg) waren denkbar.

Klärungsbedarf also in Hülle und Fülle! Die Indizien waren jedoch ausgewrungen, das heißt, ich war mit meinem Latein am Ende, auf Hebräisch kam ich nicht weiter und mein Finnisch war einfach nicht gut genug. Auf irgendeine Art musste ich die Kurzmitteilung allerdings beantworten! Diese Tatsache brachte mich in die ideologische Zwickelmühle. Sollte ich, der ich von jeher den modernen Kommunikationsmitteln kritisch gegenüberstehe, meine Überzeugungen zu Grabe tragen? Früher, als Nachrichten noch per Rauchzeichen, Flaschenpost, **Brieftaube** (vgl. Hintergrundinfo), Telegramm oder E-Mail ausgetauscht wurden, da war es einfach. Die Menschen nahmen sich Zeit füreinander. Doch heute, in Zeiten von ISDN, 3G, DSL und den damit verbundenen hohen Übertragungsraten können wichtige Gespräche lieblos in Sekundenschnelle heruntergerasselt werden. Die Kurznachricht schlechthin spiegelt den Zustand unserer Gesellschaft wider. Früher hieß es SOS – Save *our* Soul, die gemeinsame Hilfe stand im Mittelpunkt. Heute aber heißt es SMS – Save *my* Soul. Ich zuerst! schreit es aus diesen drei Buchstaben. Jeder kämpft für sich allein, an eigner Front. Entfremdung und Vereinsamung sind nur zwei der negativen Folgen. Wenn also die Menschen schon kaum noch von Angesicht zu Angesicht miteinander sprechen, ist es umso wichtiger, dass sie sich wenigstens zuhören.

Leiste auch Du Deinen Beitrag. Geh auf den anderen zu! Sprich ihn direkt an oder höre indirekt zu! Gerade in Situationen, die Dein Gegenüber nicht erwartet, kann dies Balsam sein für Herz und abgestumpfte Seele.

Brieftaube

Die Bedeutung der guten alten Brieftaube für das internationale Postwesen ist unbestritten. Bis zum Ende des 18. Jahrhunderts erledigte sie zuverlässig ihren Dienst und galt lange als unersetzbar. Der traurige Niedergang dieser stolzen Greifvögel begann mit dem Aufkommen der Briefmarke, die – ursprünglich als reines Sammelobjekt geplant – immer mehr in Mode kam und sich vor allem bei der Frankierung unentbehrlich machte.

Ohne Leim allerdings war die Befestigung der Briefmarke an den Tauben schier unmöglich. Spanische Postbeamte versuchten, die Briefmarken als Zäpfchen einzuführen, scheiterten allerdings ebenso. Die Einführung moderner Briefkästen schlussendlich versetzte den Brieftauben buchstäblich den Todesstoß, denn die meisten waren zu groß und verendeten kläglich in den schmalen Schlitzen. Ein düsteres Kapitel in der Geschichte des Transportwesens, wie ich finde.

Trotz der Tatsache also, dass vielerlei gerechtfertigte Einwände gegen die Familie der Mobiltelefone bestehen, beschloss ich, ausnahmsweise auf diese technische Krücke zurückzugreifen und per Kurznachricht Kontakt aufzunehmen. Einerseits hoffte ich, dadurch neuerliche Nachricht mit dringend benötigten Infos zu bekommen. Andererseits glaube ich an das Gute im Menschen und war gewiss, dass jener Lutz sich freuen würde, unverhofft eine Botschaft in der Einsamkeit seiner zwielichtigen Verbrecherhochburg zu erhalten. So würde ich gleich doppelt Gutes tun.

Ich griff zum Handy. Meine Nachricht musste andeuten und trotzdem klar klingen – unverfänglich und konkret zugleich. Sicherheitshalber beschloss ich, mit Decknamen zu arbeiten, dachte kurz nach und tippte dann:

DER ADLER IST IM HORST.

Eine Nachricht, geschrieben in der Sprache der Gesetzlosen, es musste funktionieren! Ich drückte auf »Antwort«, die SMS entschwirrte – begleitet von meinen guten Wünschen – in den Orbit. Wenn sie diesen Köder schluckten und gesprächig werden sollten, würde ich bald wissen, nicht nur *woher*, sondern auch *wohin* der Wind blies. Obendrein wie lange und warum!

Eine wichtige Arbeit war getan. Ich schloss die Augen und gönnte meinem Körper die dringend benötigte Entspannung. So ließ ich denn mein Gehirn baumeln, die Zerebrallappen lockerten sich, während meine Hirnrinde freudig den Staub abschüttelte – wie der Dackel das Wasser nach dem unfreiwilligen Bade. Die ruhelosen, vorwitzigen Endorphine wurden angepflockt, ich schaltete die Ganglien auf Bypass, diese fielen ins Koma, alsdann drehte ich den Hirnströmen den Saft ab. Der intellektuelle Olaf war anästhesiert und fläzte nun gemütlich auf der neuronalen Liegewiese. Vor meinem inneren Auge entspann sich ein komplexes, poetisches Gewitter. Fetzen von Licht, Klang und Geruch umströmten mich, kamen näher, hötzten davon, vereinten sich mit vergangenen Eindrücken und gegenwärtigem Wissen. Ich sah Gräben, Kurven, syphilitische Zeitkristalle auf Raumbett in Ruccolabrust, die mich sanft wabernd umlullten. Diesem Prozess wohnte ich ein Weilchen interessiert bei. Da nun der Rationalist, Wissenschaftler und Amateurfunker in mir sediert war, durfte endlich der Schöngeist, Poet und Lyriker zum Leben erwachen, der fast den ganzen Tag lang vom grausamen, aber notwendigen Pragmatismus in hinterst dunkle Verliese verbannt gewesen war. Er schüttelte gähnend die blonden Locken, der schmale Leib erzitterte bebend vor schwellender poetischer Potenz. Freudig begrüßte ich ihn – er schläft im Normalfall immer etwas länger. Beflügelt von der knospenden Umgebung bäumte er sich ungestüm, bestieg den Pegasus und gebar in einem gewaltigen Schöpfungsakt ein Gedicht, welches ich, um es der Nachwelt zu erhalten, eifrigst mitschrieb. Dieses poetische Ejakulat stelle ich Dir, Leser, wie versprochen kostenlos zur Verfügung – halte nun inne und empfange die Minne:

Der Frühling

Wärmer wird's.
Das Eis, es taut.
Der Lenz erhebt die Stimme.
Ein Schneemann schmollt
ganz leis' (nicht laut),
ihm tropft es in der Kimme.

Die Wiese grünt,
es blüht der Mohn.
Oh Winterschlaf, adé!

Kanuten stehn
und warten schon.
Nun stechen sie in See.

So schmilzt der Schnee,
der Pegel steigt,
die Flagge wird gehisst!
Alarmsignal
hallt übern See, denn
ein Kanute wird vermisst.

Bereits während der Schulzeit empfand ich große Freude daran, Gedichte zu interpretieren – besonders meine eigenen. Auch meinem neuesten Werk näherte ich mich nun von dieser Seite und las, gefesselt vom eigenen Schaffen, die niedergeschriebenen Zeilen. Die Grundaussage des Gedichts ist unmissverständlich: Schonungslos wird dem Frühling die Maske vors Gesicht gehalten und die innere Zerrissenheit dieser janusköpfigen Jahreszeit, auf die ich zu Beginn dieses Buches schon ausführlich eingegangen bin, offenbart.

Sowohl stilistisch als auch inhaltlich war ich mit dem Erschaffenen zufrieden. Ein weiterer Meilenstein markierte meinen Weg. Fast bekam ich Angst vor mir, denn ich rechnete aus: Wenn ich in den nächsten Jahren mit unverminderter Intensität weiterschöpfte, würden sich die Meilensteine so dicht stauen – bis es eines Tages Metersteine wären.

»Na und, was soll's?«, sagte ich mir. Vielleicht hatte ich ja durch diese Überlegung einen stimmigen Titel für meine Memoiren gefunden: »Meilensteine pflastern meinen Weg!«

In jedem Falle ist die Frühlingslyrik ein Gradmesser der dichterischen Fähigkeiten, denn schon etliche Poeten haben sich an dieser Materie versucht. Denken wir zum Beispiel an Rilkes Herbstgedicht, Heines Wintermärchen oder die »Doktor Sommer«-Kolumnen in der Bravo. Schlussendlich waren nur wenige diesem anspruchsvollen Stoff gewachsen. Nur das Schöne am Schönen zu beschreiben, ist schnöde Hausfrauenkunst! Gerade darin, im vermeintlich nur Schönen die Niedertracht, in der duftenden Blüte den giftigen Brodem zu erahnen, zeigt sich des Meisters wahre Gabe. Dieses Metier beherrsche ich aufgrund meiner analytisch-sensorischen Fähigkeiten nahezu vollkommen. Andere hingegen huldigten blind und schwärmten in eingleisigem Jubilat, scheiterten also. Fest steht jedenfalls: Dieses Gedicht macht Appetit auf mehr, oder? Nun, möglicherweise werde ich im Verlaufe dieses Buches auch in lyrischer Hinsicht noch den einen oder anderen gucken lassen. Ich bin selbst schon gespannt, was da noch aus mir brechen wird.

Der innere Poet hatte sich nach getaner Arbeit erschlafft zurückgezogen und war wieder in postkreativen Schlummer verfallen, da brummte es aus meinem Anorak. Voller Spannung zückte ich das Handy und las die Nachricht, die Lutz als Antwort schickte:

HORST KANN NICHT!

8. Von Enttäuschungen, Witzen und Hockstrecksprüngen

Na, dieser Nachricht ist ja nun nichts, aber auch gar nichts zu entnehmen, wird hier der Laie denken, enthielt sie doch keinerlei konkret sachdienliches Informationsmaterial zum geplanten Delikt. Aber, wende beherzt ich hier nun ein: Das Leben ist keine geöffnete Broschüre, in welcher fein säuberlich zu lesen steht: »Hier lang, da lang! Nummer 23, Sie haben eine Bürste gewonnen!«

So einfach ist es wahrlich nicht. Ein Text jedweder Art erschließt sich nicht, indem man ihn nur blind liest. Nein! Man muss ihn deuten, verstehen, begreifen und hinterfragen, das heißt, hermeneutisch nach allen Regeln der Kunst auswringen, aussaugen, durchsieben und durchlöchern, puzzleartig auseinanderdröseln und kassibern. Erst dann, wenn Worthülse von Wortkern selektiert und Wortstamm von Wortrinde geschält sind, wenn wucherndes grammatikalisches Unkraut gejätet und verschlungene Sprachtentakeln entfernt wurden, dann erst wird der wahre Wortschatz sichtbar! Dabei ist es unerlässlich, vor allem *zwischen* den Zeilen zu lesen. In dieser Kunst besteht die echte Könnerschaft! Allerdings konnte dieses von mir meisterlich beherrschte Verfahren hier nicht zur Anwendung gelangen, denn als ich die SMS erneut betrachtete, bemerkte ich enttäuscht: Die Nachricht war einzeilig!

Da war's schwer bis gar nicht möglich, zwischen der Zeile zu lesen. So ein Reinfall! Plötzlich stand ich mit leeren Händen da. Ich tapperte wie klammer Kürbis durch die welke Kleie. War ich gescheitert? War Zapfenstreich in Bullerbü? Gab ich den Fichtner? In jedem Fall war Euterstau am Melkkarussell! Trübsal in der Hirnmensa! Flaute in der Müslitasse!

Man merkt, es ist schier unmöglichst, das emotionale Gefühlsfeeling zu beschreiben, das mich zermarterte. Kein Terminus erklärt, wie es mir ging. Meine seelische Gemütslage war nur mit unbeschreiblich zu beschreiben. Wie reich an Worten ist doch unsere Muttersprache, aber momentan war ich, was meine mentale Verfassung betraf, weit über den etymologischen Tellerrand hinausgesegelt. Das überrascht, hat doch die deutsche Sprache Etliches an Begriffen parat, um Dinge oder Tätigkeiten zu bestimmen wie zum Beispiel friemeln, nesteln, dranrummuddeln, knübbern, rummehrn, fummeln, gnerzeln, polken, klamüsern und Ähnliches mehr, wenn es darum geht, ein zweckbestimmtes, mit Fingern oder Werkzeug ausgeübtes Mühen an einem Objekt zu beschreiben. Für anderes – wie meine emotionale Verfassung hingegen – gibt es nicht ein einziges Wort!

Mein persönliches Lieblingswort ist übrigens »Wurf«.

Doch zurück zum Stoff.

Ich befand mich also im Stimmungsloch und wusste: Nur ich selbst vermochte es, mich aus diesem Krater der Übellaunigkeit, quasi am eigenen Scheitel herauszuziehen. Und so besann ich mich auf eine Textzeile aus einem meiner wichtigsten Songs:

> *Wenn es mal schlecht läuft für Dich,*
> *dann verzweifle nicht!*
> *Dreh Dich einfach um,*
> *dann hast Du Rückenwind im Gesicht.*

Um mir einen Ausweg aus dieser vertrackten Situation zu verschaffen, beschloss ich, Rat bei höheren Mächten einzuholen. Auch in diesem Bereich gibt es verschiedene Ansprechpartner. Der eine bestellt sich etwas beim Universum, der Nächste befragt das örtliche Orakel, andere erbeten Hilfe von den Göttern. Derlei aufwändiges Prozedere praktizierte ich natürlich nicht. Wie so oft verließ ich mich auf nachvollziehbare, haptisch erfahrbare Voraussagen, auf die ich selbst einen gewissen Einfluss nehmen konnte.

Ich pflückte ein Gänseblümchen mit einer ungeraden Anzahl an Blütenblättern (wichtig!), stellte die zu beantwortende Frage in den Raum: »Wird der Unhold hier im Park auftauchen?«, (auch wichtig!) und begann dann mit dem systematischen Ausriss der Blütenblätter, verknüpft mit der jeweiligen Fragestellung: »Er kommt!« – »Er kommt nicht!« Da ich ja bereits im Vorhinein um das Resultat wusste, konnte ich dem Vorgang ganz entspannt beiwohnen. Nach fünf Minuten friedlichen Zupfens zog ich also das letztverbliebene Blättlein frohen Mutes aus dem Blütenstempel: »Er kommt!«

Ich hatte meine Gewissheit wiedererlangt.

Auf diesem einfachen und in der Herleitung verständlichen Wege ist es mir auch schon in früher Jugend gelungen, mich glaubhaft davon zu überzeugen, dass Solveigh J. tiefempfundene Gefühle für mich hegte, die sie allerdings geschickt zu verbergen wusste.

Während ich also gedankenversunken an die schicke, hellbeige Latzhose dachte, in welcher Solveigh damals so oft zur Schule kam, wurde meine Aufmerksamkeit unvermittelt abrupt aufs Jäheste abgelenkt. Zwischen den Bäumen tauchte eine Gestalt auf, die sich durch ihr Äußeres in dezent unvorteilhafter Weise von den übrigen Passanten abhob. Den leicht übergewichtigen Gesamtrumpf in kontrahorizontal gestreifte Hosen und ein verwaschenes T-Shirt gezwängt, näherte sich mir Jochen M. Barkas, der Gitarrist meines Liedermacherensembles.

Seit vielen Jahren steht er mit mir gemeinsam auf der Bühne. Zu den Rhythmen seines Walkmans trollte er wippend vor sich hin. Etwas hölzern – nadelhölzern, um genau zu sein – kam er daher. Keines Falles aber möchte ich Jochen M. Barkas hier in schlechtem Licht erscheinen lassen und gebe unumwunden zu, dass ich ihn mag. Das muss ich auch, schließlich ist er ja mein Freund! Schon sehr, sehr lange kenne ich Jochen. Erstmals begegnete ich ihm in den Achtzigern. Schon damals wirkte er seltsam introvertiert. Heute weiß ich auch, warum.

Jochen war ein sehr stilles Kind, und die Verhältnisse, in denen er aufwuchs, waren alles andere als optimal. 1979, im Alter von elf Jahren, wurde er von seinen Eltern als vermisst gemeldet. Bei den darauf einsetzenden Untersuchungen stellte sich allerdings heraus, dass er zu diesem Zeitpunkt bereits seit drei Jahren verschwunden war. Seine Eltern hatten es einfach nicht bemerkt! Immerhin sprachen sich die Eheleute daraufhin erstmals intensiv miteinander aus, und ihnen fiel auf, dass sie sich gar nicht kannten und nur durch einen behördlichen Fehler, quasi aus Versehen in die gleiche Wohnung gezogen waren. So hatten sie dann wohl ein Kind bekommen, welches eben jener Jochen sein musste, der immer in ihrer Küche rumsaß. Immerhin – und das achte ich ihnen nicht gering – haben sie Jochen, als er volljährig wurde, reinen Wein eingeschenkt und ihm die doch etwas burlesken Umstände seiner Existenz offengelegt.

Nicht alle Erziehungsberechtigten sind so verantwortungs-
bewusst. Ich kenne einen Fall aus meinem Freundeskreis,
bei dem ein Paar aus Flensburg vor vielen Jahren ein dun-
kelhäutiges Kind aus Afrika adoptiert hatte. Bis heute versuchen die beiden, dem mittlerweile Dreiundzwanzigjäh-
rigen vorzumachen, sie seien seine leiblichen Eltern. Es wäre
am Tag der Zeugung sehr heiß gewesen, sie hätten sich im
Solarium kennengelernt – mit solchen und ähnlichen Aus-
flüchten halten sie den jungen Mann hin.

Jochen kam geradewegs in meine Richtung. Momentan
war mir aber nicht nach Konversation zumute, weshalb ich
bückend mich nach unten barg, in der Hoffnung, übersehen
zu werden. Zeit, mich unsichtbar anzustreichen, hatte ich
leider nicht.
»Mensch Ole, suchst du was?«, hörte ich ihn fragen.*
Resigniert musste ich feststellen, dass meine Tarnung auf-
geflogen war. Er stand vor mir, wippte in seinen Cowboy-
stiefeln aus Kunstleder-Imitat und schaute auf mich herab.
»Ich ... äh, ich hab meinen Impfausweis verloren«, impro-
visierte ich schlagfertig, und – schwupps! – schon saß er
neben mir.
»Und? Gefunden?«
»Den Impfausweis? Ach, der war eh abgelaufen«, wiegelte
ich ab. Er zündete sich eine Rocket** an und sog den Qualm
tief ein. Eigentlich raucht Jochen auf Backe, denn er ist
Nichtraucher.
»Und sonst so, was macht's Leben?«, fragte er. Es folgte
eine Pause, denn was sollte ich darauf schon erwidern? Dass
ich einem Unrechtschaffenen auf der Spur war? Sollte ich

---

* Erklärend muss ich eine schriftstellerische Notiz einfügen und vermerken:
Im Gegensatz zur Bühne darf Jochen in meinen Büchern reden.
** Eine tschechische Zigarettenmarke.

Jochen mit Etappenresultaten füttern und von kryptischen SMS-Botschaften berichten? Das würde nur Zeit kosten, die ich für Wichtigeres benötigte.

Nach gefälligem Geplauder stand mir einfach nicht der Sinn! Ich unterließ es allerdings, ihm dies so schroff zu sagen, denn eines war klar: Hätte ich die Wahrheit rausgeplautzt, wäre Jochen womöglich eingeschnappt und aus indigniertem Gnatz in den nächsten Wochen unpünktlich, ungekämmt und mit ungestimmter Gitarre zum Dienst erschienen. Das galt es zu vermeiden.

»Das Leben ist sehr komplex und besteht aus vielen Komponenten, die sinnvoll zu verknüpfen sind«, ging ich vorsichtig auf Jochens Fragestellung ein. Genauer ins Detail gehen wollte ich nicht. Ich hoffte, er würde dies spüren und weiter seines Weges gehen. Auch gab es weder künstlerische noch organisatorische Dinge zu klären, denn die Treffpunkte und Uhrzeiten für die nächsten Auftritte waren längst abgesprochen.

»Sag mal«, fragte ich harmlos, »solltest du jetzt nicht eigentlich zu Hause sein und üben?«

»Nö«, meinte er, »ich hab den ganzen Vormittag systolische Achtel trainiert.«

Eigentlich ist Jochen nicht der Typ, von dem ich mir ein Fis für ein U vormachen lasse. Doch dieser Versuch, ihn zum Weichen zu bewegen, war gescheitert. Im Gegenteil. Er trat die Zigarette aus, schob mit dem Zeigefinger die Brille zurecht und rückte ein Stück an mich heran, etwas verschwörerisch beinah. So kannte ich ihn gar nicht.

Gut angezogen ist Jochen wirklich nicht gerade*, bemerkte ich aufgrund der kürzer werdenden Distanz per Seitenblick

---

* Immer wieder muss ich bei unseren Auftritten entrüstet feststellen, wie einige junge Frauen aus dem Publikum sich über Jochens Anziehsachen lustig machen! Das beprangere ich!

auf sein unmodisches Stirnband und zupfte mir eine Fussel vom Pullunder. Ein verbissener Jogger keuchte vorbei und blieb in einigen Metern Entfernung sichtlich ausgepumpt stehen.

»Guck dir den Dicken an!«, flüsterte Jochen schadenfroh und deutete auf den schweißgebadet Hocherröteten.

»Ein wenig körperliche Bewegung könnte dir ebenfalls nicht schaden«, erwiderte ich sachlich.

»Ich? Ich bin Musiker!«, plusterte sich Jochen auf.

Der Jogger schindete sich mittlerweile mit ein paar Liegestützen und wechselte daraufhin in einen leicht angefersten Kniehebelauf. Jochen sah geringschätzig zu, zündete sich umständlich eine neue Zigarette an und nuschelte etwas von wegen, das sei ihm »zu doof«.

Ich hingegen bin schon immer ein begeisterter Sportler gewesen und nutze bis heute jede Gelegenheit, um mich nicht nur geistig, sondern auch körperlich zu bewegen, indem ich so oft wie möglich mit dem Fahrrad zu meinen Auftritten fahre. Sportlicher Aktivität im eigentlichen Sinne gehe ich aufgrund einer Verletzung, die ich mir bei einem meiner ersten Auftritte zugezogen habe, nur noch selten nach. Leichtsinnigerweise hatte ich damals vergessen, mich richtig zu erwärmen, war deshalb beim Sprechen umgeknickt und hatte mir die Stimmbänder überdehnt, was dazu führte, dass ich bis heute beim Rumpfbeugen mit einem tückischen Seitenstechen kämpfen muss – kurz gesagt: Ich habe eine Sportbefreiung. (Diese kann bei Bedarf gerne eingesehen werden.)

In den frühen Jahren meiner Adoleszenz lebte in meiner Nachbarschaft übrigens eine echte Sportskanone, ein junger Mann, der jeden Morgen mit den unterschiedlichsten Verrichtungen seinen Leib malträtierte und beinahe europäischer Jugendmeister im Frühsport geworden wäre. Diesen Titel verfehlte er allerdings knapp, da er den Endausscheid verschlief. Später versuchte er sich – leider weniger erfolgreich – im **Nachtwandern** (vgl. Hintergrundinfo).

Ich selbst bin zu sportlichen Höchstleistungen jedenfalls nicht mehr fähig und werde mich deshalb nicht in den Top Ten der Dreier-Hopper-Oberliga etablieren können. Doch möchte ich an dieser Stelle an andere, heutzutage längst vergessene Sportler erinnern, die zu ihren aktiven Zeiten Maßstäbe setzten: Denken wir an Ilke Wydulla, die Diskuswerferin. Oder an die Kugelstoßerin Margitta Gummel – einst stieß sie die Kugel, heute stößt sie auf Desinteresse.

Das ist bedauerlich. Doch auch gegen diesen Missstand lässt sich angehen. Deshalb sollten wir beide, Du, als Leser und Rezipient, ich als Verfasser und Olaf, dieses Buch beiseitelegen, um nun in Gedenken an Ilke, Margitta und all die anderen vergessenen Sportler eine gemeinsame Schweigeminute einzulegen.

So halte nun inne mit der Lektüre, erhebe Dich und gedenke! Passend zum Thema wäre es angebracht, diese Zeremonie mit einer sportlichen Ertüchtigung zu verbinden, und ich schlage vor, Du krönst diesen Akt mit ein paar zünftigen Hockstrecksprüngen. Das mag jetzt im Moment ein wenig unvermittelt erscheinen, ja, vielleicht ist es sogar zu viel verlangt – zumal ich selbst nicht mitmachen kann, Du weißt, die vermaledeite Sportbefreiung, aber was soll ich machen? Ich werde mir währenddessen ein wenig die Finger ausschütteln und nichts von Belang schreiben. Du verpasst also nichts, versprochen! Sport frei!

Nachdem dies nun erledigt ist, wollen wir fortfahren. (Natürlich bin ich mir im Klaren, dass Du soeben keinen einzigen Hockstrecksprung ausgeführt hast, vielmehr klebst Du atemlos an diesen Zeilen und kannst nicht abwarten, was weiter wird passieren, stimmt's? Nun gut, dafür habe ich Verständnis und werde Dich am Ende dieses Kapitels

Nachtwandern

Diese einst sehr beliebte Sportart ist heute leider fast völlig in Vergessenheit geraten. Bis zum frühen Mittelalter gehörte das Nachtwandern noch zu den olympischen Sportarten und symbolisierte damals neben dem Dreier-Hop, dem Hip-Hop, dem Höhentauchen und dem Motorsport einen der olympischen Ringe. Mit den ersten Fernsehübertragungen und den einhergehenden optischen Ausleuchtungen führte sich das Nachtwandern quasi selbst ad absurdum und musste den Titel »olympische Sportart« an das Topfschlagen abgeben.

Andere Sportarten hingegen fielen ganz dem Vergessen anheim. Die im 17. Jahrhundert äußerst populäre Wassersportart »Untergehen« beispielsweise wich dem heute bekannten (meiner Meinung nach wesentlich anspruchsloseren) »Schwimmen«. Überhaupt wurden viele wunderschöne Disziplinen auf dem Altar des Show- und Unterhaltungswertes geopfert, da sie den von permanenter Action abgestumpften Sehgewohnheiten der Fernsehkonsumenten nicht mehr entsprachen. So wurde bei den letzten Europameisterschaften die Übertragung des Endausscheides im Speerfesthalten nach anderthalb Wochen aufgrund mangelnden Zuschauerinteresses ersatzlos abgebrochen. Schade drum.

noch einmal an die Hockstrecksprünge erinnern. Ich habe mir übrigens ebenfalls die Finger nicht ausgeschüttelt. Dies schreibe ich, da mir sehr an einem offenen Verhältnis zwischen Leser und Olaf gelegen ist.)

»Pass mal auf!« Jochen steckte sich das T-Shirt in die Hose. »Kennst du den schon?« Ich war perplex – wollte er mir etwa einen Witz erzählen? Jetzt? Mitten in der Woche, am späten Vormittag? Dies ist sonst nicht seine Art. Hatte er wider Erwarten doch bemerkt, dass ich nicht bei Laune war, und versuchte nun in seiner etwas unbeholfenen Art, die Stimmung aufzulockern? Oder sollte er eine Anekdote mit einem so geschickt gesponnenen Humorgewebe parat haben, dass er nicht innehalten konnte und damit umgehend vor mir glänzen wollte? Ich wappnete mich innerlich auf einen von seinen meist eher schalen Scherzen.

»Also«, begann er, »treffen sich zwei Typen. Sagt der eine: ›Du, ich glaube, meine Frau ist tot!‹, sagt der andere: ›Warum?‹«

Er hielt inne, prüfte mich gespannt, und da ich nicht reagierte, fuhr er aufgeregt fort: »›Im Bett isses wie immer, aber die Küche sieht aus!‹«

Laut lachend schlug er mir auf den Oberschenkel und wiederholte keuchend: »›Küche sieht aus wie Sau‹! Tot, haha! Verstehste?«

Während er sich seinen konvulsiven Lachanfällen hingab, saß ich stumm und betroffen neben ihm. Aufgrund der misslungenen SMS-Aktion fehlten mir eh schon die Worte, doch jetzt verschlug es mir auch noch die Sprache!

Ganz klar liegt die Erinnerung an diesen Moment vor mir. Ich empfand Trauer, Wut und Scham. Ich glaube sogar genau in der Reihenfolge. Es ist aber auch möglich, dass ich mich täusche oder dass meine Empfindungen so stark waren, dass sie sich überlappten. Jedenfalls war ich geplättet.

Ich bin ein Olaf, der bei einem guten Witz mit einer pfiffigen Pointe gern und lange lachen kann und sehr wohl weiß, dass eine kräftige Prise **Humor** (vgl. Hintergrundinfo) in bestimmten Situationen das Leben durchaus bereichern kann. Solch ein Spaß darf von mir aus gern auch keck und frech sein. Auch in meinen Konzerten baue ich, wenn das Publikum vernünftig genug ist und wir gut im Zeitplan liegen, gerne einen kleinen Spaßimir*, eine zünftige Flachsrakete, ein. Ich bin also ein Freund der Freude.

Aber mit Humor, Spaß oder gar Lachen hatte das, was Jochen M. Barkas hier mit unverfrorener Selbstgefälligkeit zum Besten gab, reinweg nichts zu tun! Das war pure verunglimpfende Ungerechtigkeit! Jochen war zu weit gegangen. Das Band (und die Band) zwischen uns war zwar noch nicht zerschnitten, aber schon zerknotet.

Während all dies mir durch den Kopf ging, fixierte ich Jochen aus spitzem Winkel, und als ich sah, dass er noch immer vergnügt vor sich hin gluckste, froh wie ein Plaatsch im Kuchenteig, wallte Verachtung auf in mir. Sofort schämte ich mich ein wenig, denn dazu war ich freilich nicht befugt. Ich bin nicht der, der Gleiches mit Gleichem vergällt. Nein – vielmehr war es nun an mir, meinem Kollegen (und eben auch Freund) die Hintergründe und Abgründe der von ihm erzählten Geschichte aufzuzeigen und ihm die gesellschaftlichen Zusammenhänge, die in diesem »Witz« kulminieren, zu erläutern.

Auch eine Strafe würde ich zu verkünden haben. Das dazugehörige Strafmaß hatte ich übrigens im Kopf ausgerechnet – darin war ich auch in der Schule schon sehr gut. Ein umständliches, schriftliches Strafmaßausrechnen mit Zettel und Stift erzeugt nämlich den Eindruck unspontaner Lehrerhaftigkeit und führt zu Autoritätsverlust.

* Spaßisme für Witz.

»Aber das ist doch wirklich der Brüller, oder?«, versuchte er letztmalig, mich zu überzeugen, ihn auf der Reise in die Niederungen seiner Kulturlandschaft zu begleiten. Er hatte mittlerweile wohl gemerkt, dass er bei mir mit seinen Ausführungen auf Granit biss, auf Kruppstahl, auf besten belgischen Beton. Worauf auch immer. Auf irgendwas Hartes jedenfalls, mir fehlten ja noch immer die Worte.

»Jochen«, begann ich ruhig und gefasst mit meiner Replik, »bist du dir eigentlich über die Quintessenz dieses ›Witzes‹ im Klaren?« Bei dem Wort Witzes zeigte ich mit meinen Fingern die Anführungszeichen* an, in welche ich diesen Begriff also stellte.

Sein fröhliches Gegacker erstarb. Er schaute mich verständnislos an.

»Dumpfe Zoten wie diese sind schuld«, fuhr ich fort, »dass sich die vielen Vorurteile, unter denen Frauen leiden, zementieren!«

»Jaja«, er war sichtlich eingeschnappt, »der feine Herr Schubert weiß ja Bescheid, der Frauenversteher mit seinen Sprüchen von den ›klaffenden Klüften‹ …«

»Sie klaffen ja auch!«, kläffte ich.

»Na klar, ›klaffer denn klaff‹!«, äffte er mich nach.

»Klaffer denn nöch!«, beendete ich die Diskussion.

»Also komm – machst hier einen auf Bauschaum«, wollte er sich herauswinden, »das ist doch nur ein harmloser …«

»Nein!«, unterbrach ich ihn vehement, »tumbe Chauvinisten, die eine Frau nur ins Bett bekommen wollen, um sie für billige Triebabfuhr zu benutzen, werden darüber lachen können, weil sie ihr *stereo*types Weltbild bestätigt finden!« Ich ließ eine kurze, aber intensive Pause folgen. »Aber du bist keiner von denen, Jochen – du hast ein *mono*types Weltbild!«

---

* Für Leser aus bildungsfernen Schichten: Gänsefüßchen.

Humor

Die Geschichte des Humors ist alles andere als lustig. Ebenso wie die Wiege der Menschheit liegt die Wiege des Humors in Afrika. Die ursprünglichsten, wissenschaftlich eindeutig nachgewiesenen Humorfragmente tragen eindeutig Züge des noch heute bekannten »Schwarzen Humors«, die nach neuesten Erkenntnissen per Rauchzeichen übertragen wurden.

Das erste humorös motivierte Lachen erschall auf unserer Welt wohl, als ein Urmensch auf einer Bananenschale ausrutschte und sich dabei die linke Hand empfindlich verstauchte. Dieses unschöne Szenario wurde uns in einer berühmten Höhlenzeichnung in der Nähe von Khigali überliefert, auf der der stürzende Urmensch im unbeholfenem Ausglitt zu sehen ist, flankiert von zwei Neandertalern, deren Lautäußerungen vermittels einer Sprechblase wiedergegeben werden.

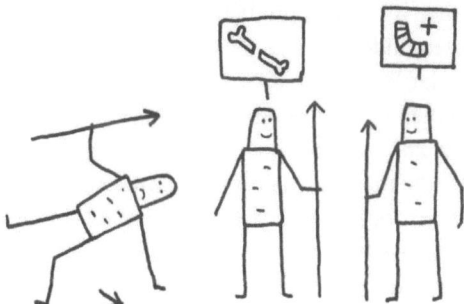

Wir sehen: Schadenfreude stand im Anfang. Eigentlich traurig, oder?

»Wie, monotyp?« Jochen versuchte nun, meinen Monolog zum Dialog abzuwerten.

»Tu nicht so! Du weißt genau, was ich meine!« Ich blieb dran. »Du bist einer wie ich, der nicht mit jeder gleich Intimität austauschen möchte, sondern der mit einer Frau auch einfach mal nur quatschen will.«

»Das war ein Witz, der überhaupt nüschd mit mir zu tun hat, der einfach ...«

»... der einfach so zu dir gekommen ist – wie die Biene zur Blume, weil der Storch ins Kino wollte, wie?«, höhnte ich.

»Erzähl mir doch keine Ammenmärchen! Du hast dir gerade diesen Witz bewusst unter zahllosen anderen im gesellschaftlichen Sediment kursierenden Kalauern herausgesucht, um das Bild des Machos für dich aufzubauen. In Wirklichkeit versuchst du doch nur, deine weiche Schale vor deinem harten Kern zu verbergen. Das aber wird dir nicht gelingen, denn du bist wie eine Birne! Du musst dich reinigen! Du solltest dich schälen und dann deinen Kern ausspucken!«

Damit war sein Widerstand gebrochen.

»In diesem Witz«, hakte ich nach, »werden zwei Dinge in den Schmutz gezogen: Der Tod und die Würde der Frau. Wichtig aber ist, dass man nicht *über*einander lacht – sondern *unter*einander.«

»Dann ist der Witz doch aber nicht mehr lustig!«

»Egal«, sprach ich, »wer bitteschön hat festgelegt, dass ein Witz lustig zu sein habe? Er muss nur ein wenig Freude vermitteln, die man teilen kann, wodurch sich diese Freude wiederum verdoppelt und das Wenigere an Lustigkeit dadurch kompensiert.«

Ich beeindruckte mich selbst mit meinen Gedanken, denn nichts davon war vorbereitet, ehrlich!

»Nimm zum Beispiel jüdischen Humor!«, fuhr ich fort.

»Ich kenne 'ne Menge Judenwitze!«, polterte mir Jochen in die Parade.

»Nein, ich meine, dort werden Witze nicht auf Kosten Schwächerer gemacht. Und ich finde« – mir kam ein großer Gedanke, ich erhob mich und rief: »Die Zeit ist reif für Witze auf Kosten Stärkerer!«

Er glotzte mich an wie Ulf, wenn's regnet.

»Witze auf Kosten Stärkerer?«

»Ja! Zum Beispiel Gewichtheberwitze!«

»Gewichtheberwitze?«

»Und Gewichtheber*innen*witze!«, komplettierte ich rasch, denn fast wäre auch ich ins Fettnäpfchen der Diskriminierung getreten und hätte die weiblichen Lastenstemmerinnen im Abseits stehen lassen.

»Dieser zum Beispiel ist doch köstlich!«, nutzte ich die Gunst der Stunde. »Kommt ein Gewichtheber zum Arzt und sagt: ›Herr Doktor, meine Gewichte sind kaputt. Sie sind viel zu leicht!‹«

»Und?«

»Darauf der Arzt: ›Da müssen Sie zum Handwerker, der hat's heutzutage schwer!‹«

Jetzt war ich es, der schallend lachte, während Jochen noch ein wenig verunsichert überlegte.

»Jaja«, ich schmunzelte noch immer, »das ist ein anderes intellektuelles Niveau! Aber höre, mein Lachen ist nicht schmutzig, sondern sauber und rein.«

Übrigens, Leser: Sollte Dir ein Gewichtheberwitz einfallen:

Behalte ihn bitte für Dich! Aber bewahre auch die anderen Witze! Eines Tages, wenn meine Konzepte gegriffen haben, werden sich die Machtstrukturen umkrempeln, dann werden die heutig Schwachen Starke sein! Somit könnten wir die alten Witze vielleicht wieder gebrauchen, um sie dann gegen die Richtigen einzusetzen.

»Siehst du«, sprach ich weiter, »nun hat dein grober Ka-
lauer doch noch etwas Gutes gehabt, denn so habe ich dich
etwas lehren können.«

Eigentlich mag ich es nicht, wenn ich didaktisch agitieren
muss. Viel lieber vermittle ich mein Wissen in persönlichen
Vier- oder Mehr-Augengesprächen*.

Am effektivsten ist es jedoch, den Menschen etwas vorzule-
ben, das sie sich abschauen können, um mir dann intuitiv
nachzueifern. In dieser Extremsituation aber war dies nicht
möglich – ich hatte ihn direkt belehren müssen. An der Art,
wie mich Jochen anschaute, bemerkte ich auch, dass er
dankbar war für diese Lektion.

»Hm!«, sagte er. Er schämte sich und fühlte sich offensichtlich unwohl in seiner Haut. Nun, dies sollte ihm Strafe
genug sein, weshalb ich den Kelch der zugedachten Züchti-
gung für heute an ihm vorübergehen ließ.

Nachdem ich Jochen geholfen hatte, ein besserer Mensch
zu werden, schwiff mein Blick über den Park, und ich registrierte etwas, das mich wie elektrisiert auffahren ließ. Am
anderen Ende erblickte ich eine Gestalt, die mir bekannt
vorkam.

Verdammt, und wie ich diese Gestalt erkannte!

»Aua!«, krisch Jochen auf und sah mich beleidigt an. Vor
Erregung hatten sich meine Fingernägel tief in seine fleischi-
gen Oberschenkel gegraben.

»Hast du sie noch alle?«, fistelte er mich wütend an.

»Hab dich nicht so«, entschuldigte ich mich, ließ von ihm
ab, richtete mich auf und sah nun genauestens hinüber. Es
war zwar in einiger Entfernung, doch mein geschultes Auge

---

* Den Sonderfall des Drei- oder Weniger-Augengesprächs, der beim Kom-
munizieren mit sehbeschränkten Personen auftreten kann, habe ich aus Ver-
einfachungsgründen bewusst ausgeklammert, ohne die Gefühle dieser Menschen verletzen zu wollen.

ließ sich nicht täuschen. Dort drüben zwischen den Bäumen stand er: Der Outlaw, der Gesetzesbrecher, der Desperado, der Unscheinbare!
Gerade noch so konnte ich einen stummen Schrei des Triumphes unterdrücken.

Bevor dieses Kapitel nun endet, erinnere ich Dich an die vorhin besprochene gymnastische Übung.

9. Vom Pirschen, Beischlaf und Erkennen

uhig, Olaf!«, sagte ich mir, denn nun galt es, meine Stärken auszuspielen und kaltblütig zu bleiben. Der Gesuchte hatte mittlerweile Platz genommen und saß am anderen Ende des Sees auf einer ähnlichen Bank wie der unsrigen. Deutlich war erkennbar, dass er sich arglos gab. Aber – so wusste ich genau, arglos war er nicht, ganz im Gegenteil: Er war ärgst!

Doch was genau hatte er vor? Die Spannung umkeilte mich wie ein wütender Iltis, der von zwei Seiten gleichzeitig angreift. Was sollte ich jetzt tun? Den Verdächtigen umgehend zur Rede stellen? Oder sollte ich abwarten und später die Verfolgung fortsetzen? Was hätte Opa Clint an meiner Statt getan?

»Hä?«

Die letzten Worte hatte ich wohl laut vor mich hingemurmelt, denn Jochen blickte mich fragend an, immer noch das schmerzende Bein reibend. Von ihm hatte ich natürlich keine konstruktiven Tipps zu erwarten, doch ich musste mir die Erregung von der Seele reden und beschloss, Jochen einzuweihen. Vielleicht würde ich ihn ja doch noch gebrauchen können, wer weiß?

So legte ich Jochen kurz die Ereignisse des Tages dar, ließ aber Einzelheiten aus, um ihn nicht mit Kleinigkeiten zu verwirren. Als ich mit meinen Ausführungen geendet hatte, kniff er die Augen zusammen und starrte angestrengt in Richtung des Beschuldigten.

»Also – ich kann nichts Verdächtiges erkennen«, meinte er kopfschüttelnd. Ich wusste allerdings, dass er auch nichts *Un*verdächtiges erkennen konnte, da Jochen selbst mit Brille Schwierigkeiten hat, eine Stange Porree von einem Winterreifen zu unterscheiden.

»Und?«, fragte er, die Arme vor der Brust verschränkt.

»Was, ›und‹?«

»Was passiert jetzt weiter?«

Die Frage war nicht unberechtigt. Noch nie in meinem Leben hatte ich vor einer ähnlichen Situation gestanden, weshalb ich über keinerlei empirische Verhaltensmuster verfügte, die ich jetzt hätte ausschneiden können. Es schien mir das Klügste, mich abzulenken, an etwas völlig anderes zu denken, um mich dann von einem meiner intuitiven Gedankenblitze überraschen zu lassen. Mit dieser Vorgehensweise hatte ich mir schon oft am eigenen Olaf aus dem Schubert geholfen. Womit aber sollte ich mich jetzt schnell und effizient ablenken – so aus dem Nichts?

Spornstreichs erinnerte ich mich eines Buches, eines echten Schockers, welcher vor zwei Jahren auf dem Buchmarkt erschienen war. Schockierend war neben dem Inhalt vor allem die Stilistik, besonders aber Orthographie und Grammatik. »Müde Möse« war sein Titel, womit wohl der Versuch unternommen werden sollte, möglichst spitze Käuferschichten anzusprechen. Der 438 Seiten dicke Wälzer wurde jedenfalls auf dem Buchmarkt gnadenlos ausgebuht und ausgepfiffen. Protagonistin ist eine 52-jährige Krankenkassenangestellte in Nauwalde/Sachsen, welche nach gescheiterter Ehe mit einem Holzfäller einen Neuanfang als …

ZACK! Endlich hatte ich mich genug abgelenkt, denn plötzlich durchzuckte mich der heißersehnte Gedankenblitz und entlud sich in einer Idee: »Pirsch dich hinüber und beschaue dir die Situation aus naher Nähe!« Ich begann gar nicht erst, an meinem Vorschlag zu zweifeln, schließlich war er der inneren Tiefe meiner Intuition entstiegen.

»Ich gehe rein!«, teilte ich meine Entscheidung mit.

»Rein?«, fragte Jochen

»Na hier, also rüber – meine ich. Du kannst ja warten.«

»Ach, ich komme ein Stück mit!«, sagte er. Ich jedoch ließ keinerlei Diskussion aufkommen und gab ihm mit klaren Worten zu verstehen, dass ich gewillt sei, das allein Begonnene auch alleine zu beenden. Mit einem »Na dann, Tschüs«, fügte er sich in sein Schicksal, denn aus jahrelanger Erfahrung wusste er, dass ich meine Entscheidungen nur in Ausnahmefällen wie akutem Hochwasser oder starkem Wind rückgängig mache.

Los ging's! Behänd schlug ich mich unauffällig ins Gebüsch. Um mein Inkognito zu wahren, schlich ich leicht gebückt parallel zum Weg, nutzte jeden Strauch, Baum oder Halm zur Deckung und mutierte zum Großstadt-Winnetou, zum Neuzeit-Gojko. Auf halbem Wege ließ ich mich auf alle viere nieder und setzte meinen Weg nun kriechend fort. So nah war ich dem Geruch ehrlicher, feuchter Heimaterde schon lang nicht mehr gekommen! Dichtes Dickicht umgab mich, Zweige peitschten mir ums Jochbein, doch ließ ich mir dadurch nicht den Spaß an der Arbeit nehmen. Vielmehr nutzte ich die Gelegenheit und schwärzte mir mit reichlich Humus das Gesicht. Tarnung ist wichtig! Vor allem, wenn man nicht gesehen werden will!

Plötzlich begegnete mir ein kleines, niedliches Nashörnchen.

Jeder Naturliebhaber sollte wissen: Wo sich diese winzigen, putzigen Gesellen aufhalten, sind auch die größeren und wesentlich gefährlicheren Eichhörner nicht weit!

Ich hatte mich der gegnerischen Bank bis auf ein paar Dutzend Meter genähert, als mich leise Laute innehalten ließen. Dumpfes Geknuffe, gnattiger Schwump und eine Art brasiges Onken ließen sich unweit vernehmen. Ich wusste, welcher Vorgang diese Geräusche verursacht. Sollten hier etwa welche kopulieren – einfach so, im offenen Raum? Flugs hatte ich mich dem Gebüsch genähert, hinter dem der vermutete Sexualakt vollzogen wurde, hälftig zwängte ich mich behutsam* ins Strauchwerk. Was ich erblickte, überraschte mich nicht: Zwei Personen übten Geschlechtsverkehr aus – oder versuchten es zumindest. Trotz ihrer ehrlichen Bemühungen waren sie noch zu einem Gutteil in Kleidung gehüllt. Nur die Körperpartien, welche primär für den Verkehr in Frage kamen, waren bereits bloßgelegt. Mir ging das Herz auf, als ich den beiden so heimlich zusah. Junge Menschen, die sich lieben – was gibt es Schöneres und Reineres auf Erden? Noch heute Morgen hatte ich versucht, zwei Jugendlichen den Beischlaf unterschwellig schmackhaft zu machen, und prompt setzten andere meine Anregungen um. Ein schöner Teilerfolg für mich! Wenn die zwei allerdings weiterhin so unbeholfen rumfummelten, drohte das bis hierhin gut angelaufene Unterfangen noch zu platzen. Hier war Hilfe erforderlich.

---

* Da ich mehrere Monate lang die städtische Gehölzschutzsatzung mit ausgearbeitet hatte, wusste ich, dass das mutwillige Abknicken von Zweigen strengstens untersagt ist und nur in Sonderfällen erlaubt wird. Zum Beispiel beim Bau von Brücken, Atomkraftwerken oder Kegelbahnen.

»Hugh!«, grüßte ich vorsichtig, um sie nicht zu erschrecken. Mit einem erstickten Schrei fuhren die beiden auseinander und starrten mich entsetzt an. Die Verwunderung in ihren Gesichtern war verständlich, niemand möchte beim Liebesspiel angesprochen werden. Aufgrund der vorbildlichen Humustarnung in meinem Gesicht konnten sie mich allerdings nicht erkennen, was die Situation für sie wohl erheblich entkrampfte. Sie stammelten Verlegenes, das Mädchen bedeckte sich hastig.

»Schäme dich nicht!«, beruhigte ich. »Schon oft habe ich nackte Frauen gesehen, in meiner Phantasie!« Ich setzte mein bewährtes, jungenhaftes Lächeln auf und fuhr fort: »Eigentlich wollte ich nur ganz kurz weiterhelfen! Ihr kommt schneller vorwärts, wenn ihr euch ganz auszieht und dann auf die Klamotten legt. Als Unterlage, versteht ihr? Da piekt's nicht so! Also, das war's schon. Und jetzt viel Spaß!« Ich nickte den beiden noch mal aufmunternd zu. »Übrigens«, sagte ich zum Abschied, »ich finde gut, was ihr macht!«, und – Husch! – sprang ich zurück in die Rabatten.

Sicherlich war mein Auftauchen ein wenig hektisch und unvermittelt, auch hätte ich mir normalerweise ein wenig mehr Zeit nehmen müssen für die beiden. Aber was ist in so einer Situation schon normal? Außerdem war ich in Eile.

Dass ich meine liebenden Freunde nicht auf die Gehölzschutzsatzung hingewiesen habe, war übrigens keine Vergesslichkeit, sondern bewusste Unterlassung. War mir doch klar: Sprödes Paragraphenwerk ist kaum von Interesse in Momenten der Erregung und Begierde. Ich würde mir später ein Bild vom Schauplatz machen, und wenn ein Schadensfall eingetreten sein sollte, nach einer unbürokratischen Lösung suchen.

Zügig hatte ich mich mittlerweile näher in Richtung des Avisierten geschoben und spähte, ohne meine Deckung zu verlassen, in den Park. Rechts von mir war Jochen offensichtlich in wohligen Schlummer gefallen. Zu meiner Linken lungerte der potentielle Kriminelle in der Sonne. Jetzt war äußerste Vorsicht geboten, denn weit war es nicht mehr bis zum Ziel.

Die Bank des Verbrechers lag ein wenig abseits und grenzte glücklicherweise direkt ans Unterholz, welches mir ideales Versteck bot. Geschickt legte ich die letzten Meter zurück. Nun war ich dem Unterweltler so nah, dass ich ihn mit bloßen Händen und einem 230 Zentimeter langen Lineal schon hätte berühren können.

Gekonnt bog ich das Astwerk auseinander und betrachtete ihn genauer. Wen würde er jetzt wohl konspirieren? Er hatte sich entspannt zurückgelehnt. Die Hände hinter dem Kopf verschränkt, die Beine ausgestreckt vermittelte er den Eindruck des ganz normalen Durchschnittsbürgers, der einfach mal kurz frische Luft schnappt. Nichts deutete darauf hin, dass hier Unrecht geplant war, keinerlei Zeichen der Erregung wie erhöhter Pulsschlag oder geballte Fäuste – der wahrhaft perfekte Verbrecher!

Leise pfiff er vor sich hin, ich kannte diese Weise: »O sole mio«, die inoffizielle Hymne der Mafia, die geheime Erkennungsmelodie der Camorra. Fast schien es, als verhöhne er mich damit, als ahne er, dass der Rächer nahe sei, er aber nichts von ihm befürchte. Von wegen – rumorte es in mir, da hast du dich verpfiffen, von dir lasse ich mir nicht den Auspuff von der Vespa schrauben, Luigi!

»Huhu!«, erscholl plötzlich eine ferne Stimme. Ich vernahm tippelnde, sich rasch nähernde Schritte. Der Flüchtling, offensichtlich der Adressat des unvermuteten Rufes, richtete sich auf, ich hielt den Atem an: Der Komplize, er nahte! Die Komplizin, verbesserte ich mich umgehend, denn diese Stimme, die mir da ans Hörgesims wandete, war weiblich und mir irgendwie bekannt! Während ich noch überlegte, erschien eine winkende, untersetzte Gestalt im Blickfeld.

Mühsam verbiss ich mir Laute des Staunens, handelte es sich doch um niemand anderen als um das umgängliche Mütterchen, das ich noch vor kurzer Zeit zum Bus begleitet hatte! Sollte diese nette, freundliche Dame das kalte Hirn sein, das hinter allem steckte?

Der Verdächtige hatte sich erstaunt erhoben und rief entgeistert: »Wo kommst'n du her? Ich denk, du bist in Ungarn?«

Keuchend war die alte Frau näher gekommen, setzte sich aufgeregt neben ihn und begann mit einer ausführlichen Erklärung, die ich aufgrund unnötig spielender Kinder und anderer lärmverursachender Quellen zwar nicht wortwörtlich, aber zumindest inhaltlich verstand. Sie berichtete, dass sie etwas verspätet zum Flughafen gekommen sei. Als sie einchecken wollte, musste sie feststellen, dass die Maschine überbucht war. Den letzten freien Platz hatte ihr ein roher, junger Mann vor der Nase weggeschnappt, erzählte sie, ein frecher Typ mit Pferdeschwanz, der kein einziges Wort deutsch sprach – außer »Banjuohf« –, und deshalb auch nicht mit sich reden ließ.

Lautlos jubelnd stieß ich die Faust ins Blattwerk meiner Tarnung, bedeutete dies doch zweifelsfrei, dass kein anderer als mein ausländischer Mitfahrer nun doch wohlbehalten und zur rechten Zeit in seine Heimat zurückgelangte!

Was aber hatte die Rentnerin hier zu schaffen?

»Es soll sowieso nicht ganz ohne am Balaton sein, wie ich heute schon hörte«, keuchte sie, noch immer ein wenig außer Atem. »Aber egal, du isst zu wenig und arbeitest zu viel, Junge!« Sie öffnete ihre Handtasche und reichte ihm eine Pampelmuse. »Du brauchst Vitamine!«

»Nee!«, wehrte meine Zielperson ab.

»Das sagst du doch immer«, antwortete sie mit jenem kurzen Lachen, das ich vorhin noch als wohltuend empfunden hatte. Doch wie falsch und hässlich klang es jetzt!

In diesem Stil ödete das Gespräch ein Weilchen vor sich hin. Überraschend war nur, dass der Kriminelle der Alten hörig schien, denn folgsam schälte er das Tagschattengewächs und begann widerstrebend zu essen. Ohne auch nur irgendeinen weiterführenden Anhaltspunkt in Erfahrung bringen zu können, kauerte ich mich hin und hielt unverdrossen Wacht. Meine Tarnmaske war mittlerweile eingetrocknet und bröckelte nun über den Pullunder. Es juckte fürchterlich. Nachdem die beiden wertvolle Zeit mit lalligem Gewäsch entwertet hatten, wurde ich hellhörig.

»Wolltest du mich nicht noch mal anrufen?«, fragte die Rentnerin.

»Stimmt«, antwortete er halbvollmundig kauend, »aber mein Handy ist irgendwie verschwunden!«

Das war das Stichwort, auf das ich gewartet hatte! Intuitiv riss ich mir sein Telefon aus der Hosentasche, sprang mit einem Satz von hinten über die Bank, drehte mich in der Luft und landete breitbeinig, mit einem kurz ausgestoßenen »HA!« unmittelbar vor ihren Füßen. Dabei hielt ich den Übertölpelten mit ausgestrecktem Arm das Handy unter die Geruchserker.

Dieser von mir mit halbem Rittberger und einfachem Lutz punktgelandete Schlusssprung ist keinesfalls eine Reminiszenz an die Erwartung meines Verlages, der sich erbat, dieses Buch mit plastisch geschilderten Abenteuer-Elementen anzureichern. Vielmehr gelang es mir durch diesen massiven Körpereinsatz, einen vollständigen Überrumplungseffekt zu erzielen. Die Alte stieß einen spitzen Schrei aus, dem Desperado entglitt die Südfrucht, und beider Gesichtszüge sprangen aus den Schienen.

»Im Namen des bulgarischen Volkes stelle ich Sie unter Arrest!« Dies war natürlich nur eine Floskel, um die beiden einzuschüchtern. Juristisch relevant war daran nichts. Während sie sich mühsam sortierten, präsentierte ich ihnen abwechselnd von links nach rechts schwenkend das Telefon. Spannende Sekunden verstrichen. Wie würde der Entlarvte reagieren?

Mit Flucht, mit Reue, mit Konfetti?

»Hallo Nils!«, hörte ich plötzlich eine wohlbekannte Stimme hinter mir, doch nie zuvor war mir deren teilnahmslose Belanglosigkeit saurer aufgestoßen als in diesem Moment.

»Mensch Jochen!«, antwortete der Arrestierte.

»Tag, Frau B.«, begrüßte Jochen nun auch die Rentnerin.

»Pampelmuse?«, fragte sie höflich.

»Ich krieg gerade mein Handy zurück, das ich heut früh bei 'nem kleinen Zusammenstoß verloren hab!«, frechte der eben noch Sprachlose und nahm mir den Apparat aus der Hand. Die Klumpung unvorhersehbarer Einflussfaktoren brachte mich nur vorübergehend in taktische Defensive.

Blitzschnell schickte ich die Verbalinfanterie in Deckung und sagte abgeklärt und unaufgeregt: »Tja, hab ich gefunden!«

»Ich dachte, ihr kennt euch!«, streute Jochen Salz ins Feuer.

»Neee, nur hier, Telefon. Zurückgeben und so«, wiegelte ich ab und erwehrte mich derweil der Alten, die mir umständlich mit ihrem Taschentuch die Mundwinkel von Schlammkrusten säuberte.

»Das sind Nils B. und seine Mutter. Wir haben zusammen Abi gemacht, der Nils und ich!«, schwadronierte Jochen.

»Ich hab auch Abi!«, warf ich verbrüdernd ein. »Aber Abendschule«, ergänzte ich, um mich sofort wieder zu distanzieren.

»Naja – vielen Dank.« Die Nils-Person bot mir die Hand, welche ich großzügig ausschlug. Er reichte mir seine Visitenkarte und fragte, wie er sich revanchieren könnte. Auch hier wehrte ich ab, die Karte allerdings sah ich mir genauer an.

Lutz S. Investment Inc. & Co. KG
Nils B., Assist. Marketing Director

Geschickter Schachzug, dachte ich, die Karte entlastete ihn wirklich. Doch mit dem Schäferzug lässt sich ein Olaf Schubert nicht ausbremsen. Ich drehte die Karte um. Ich war sicher, hier die verdeckte Wahrheit zu finden, etwas wie:

Nils B. – Verbrecher

oder

Lutz & Nils, krumme Geschäfte aller Art

Aber – die Karte war leer. Hier stand es schwarz auf weiß, beziehungsweise eben nicht: Er war unschuldig. Ich dachte kurz nach, faltete die Karte in den Händen, reichte sie ihm zurück und gab ihm und seiner Mutti mit einem etwas unterkühlten »Macht's gut!« zu verstehen, dass ich sie ziehen lassen würde.
Ich hatte mich halt geirrt. Nun ja, das kommt vor.

Zwischenepilog:
Von der Selbsterkenntnis

underst Du Dich, Lesender, dass ich einer Episode, in der ich einem so offensichtlichen, fast schon peinlichen Irrtum unterlag, solch breiten Raum gewährte und sie in so eloquenter und präzisester Ausführlichkeit darlegte?

Natürlich tust Du dies – ich aber erkläre Dir! Denn wisse: Keinem anderen Kriterium als dem der schonungslosen Wahrheit fühle ich mich verpflichtet. Es gibt nichts, was ich zu kaschieren oder verbergen hätte – egal, in welches Licht ich mich dadurch stelle. Selbstgerechte Autoren hätten diesen unvorteilhaften Handlungsstrang sicher gestrichen, beschönigt oder nur geschwärzt wiedergegeben, sich hinter dem nebulösen Schleier der **Kunst** (vgl. Hintergrundinfo) versteckt, um so die lächerliche Fassade ihrer Unfehlbarkeit aufrechtzuerhalten. Doch wer glaubt, er könne lapsuslos durchs Leben wandeln, der ist ein Hofnarr im Königreich der Illusion.

Um meinen Kritikern zuvorzukommen: Mir ist durchaus bewusst, dass ich bei der Beurteilung der Gesamtsituation und der Verfolgung des Verdächtigen möglicherweise eventuell teilweise partiell etwas überreagiert und vielleicht zu überambitioniert gehandelt haben könnte. Ich bin Olaf genug, mich in diesem Punkt selbstkritisch zu reflektieren, denn wie ich um meine vielen Stärken wie Ausdauer, Beharrlichkeit, Bescheidenheit, Ehrlichkeit, Eloquenz, Fitness, Freundlichkeit, Geduld, Intelligenz, Mut, Neugier, Taktgefühl, Tapferkeit, Toleranz, Sensibilität und Zurückhaltung* weiß, bin ich mir auch so mancher Schwäche bewusst, die in mir schlummert.

Ja, ich bin nicht perfekt. Ich bin auch nur ein Olaf! Und dazu stehe ich! Wie so oft in meinem Leben handelte ich spontan, impulsiv und emotional aus dem Bauch heraus. Da konnte es selbstverständlich zu Missgeschicken kommen. Wo gespant wird, fällt Hobel. Und selbst, wenn irgendwer mein indianisches Heranpirschen beobachtet hatte und es in der Presse gegen mich zu verwenden gedachte – na und?! Immerhin hatte ich mich an frischer Luft bewegt! Auch die urgesunde Schlammmaske bekam meinem von der Großstadtluft gereizten Teint vortrefflich.

Natürlich hatte ich durch das Geschehene auch gelernt und würde mich heute in einer ähnlichen Situation sicherlich anders verhalten.

Also ein bisschen anders.

Denn umkrempeln, weichspülen und konformieren lasse ich mich nicht! Das bin ich meinen Fans und vor allem mir selber schuldig!

Sympathisch allerdings war mir Nils B. noch immer nicht, und mein Instinkt konnte einen Restverdacht an Makel nicht von seiner weißen Weste tilgen. Alleine die Art, wie er seinen Koffer hielt, überzeugte mich, dass destruktives Potential in ihm schlummerte. Es war einfach noch nicht zum Ausbruch gekommen. Und wer weiß? Vielleicht würde ich ihm wieder begegnen?

---

* Der besseren Übersicht halber habe ich meine Tugenden alphabetisch aufgelistet, allerdings verbieten mir sowohl die dritte als auch die letzte meiner oben angeführten Eigenschaften, näher ins Detail zu gehen.

Kunst

Die erste künstlerische Betätigung wird auf das Jahr 13 800 vor Chr. datiert. Hierbei handelt es sich um die Klang-Raum-Zeit-Installation eines unbekannten neandertalischen Aktionskünstlers, welche aus Acryl, Leichtmetall und Buntpapier hergestellt wurde. Dieses anspruchsvolle Werk war seiner Zeit um etliche Jahrtausende voraus, denn es stieß bei Publikum und Kritik auf Unverständnis. Der völlig überraschende Misserfolg dieses ersten kühnen künstlerischen Entwurfs warf die gesamte Entwicklung der Kunst zurück, denn in den nächsten 4000 Jahren wurden nur einfache, überwiegend dekorative Höhlenmalereien angefertigt, die dem Massengeschmack der damaligen Haus- beziehungsweise Höhlenfrauen entsprachen. Heute aber verkommt Kunst zur Ware. Wenige elitäre Künstler versuchen, aus lieblos erstellten Konstrukten, aus zusammengewürfeltem Kladderadatsch ein Maximum an Profit zu erzielen. Effekthascherei und Größenwahn nenne ich dies!
Kunst kann jeder! Man nehme zum Beispiel ein einfaches weißes Blatt Papier und falte daraus einen Topflappen (zum Beispiel aus Kunstleder). Ausstellungskatalog drucken und ab in die Galerie: Fertig!

Merke: Man kann auch mit einfachen Mitteln wenig
Wirkung erzielen!

Nun bist Du in Kenntnis, warum ich in schonungsloser Offenheit diese Geschichte Dir zu Füßen legte. Das Leben aber geht weiter, wie ich Dir in den folgenden Kapiteln eindrucksvoll unter Beweis stellen werde.

10. Von Zuversicht
und dem Einschlafen

uch dieses Kapitel beginnt mit einem echten Paukenschlag!

Nachdem ich zwar nicht zer-, aber angeknirscht den Stadtpark verlassen und mir den Staub von der Wäsche geschüttelt hatte, ging ich zur nächsten Bushaltestelle. Bus Nummer 84 sollte mich heimwärts bringen, von Ferne schon sah ich ihn stehen, ich eilte zu ihm, näherte mich rasch, doch vergebens, denn – *Potzblitz*! – der Bug vom Bus bog aus. Dies erstaunte mich bass! Er präsentierte mir nur noch prätentiös seine Rücklichter.

Na toll, dachte ich. Doch cool* bewahrte ich die Contenance**, denn ich wusste, dass ich noch eine Chance*** bekommen würde. Ich wartete also geduldig auf das nächste Mobilat. Um nicht sinnlos herumzustehen, denn »Tatenlosigkeit ist der Tod des Schöpferischen« (Zitat von mir), wurde ich aktiv und tat etwas, das dem Verpassen eines öffentlichen Nahverkehrsmittels für immer einen Riegel vorschieben sollte: Ich ging zum Fahrplan und errechnete die Quersumme aller An- und Abfahrtzeiten der Busse dieser Woche. Neun! Stellte ich befriedigt fest – jetzt wusste ich Bescheid.

---

* Anglizisme, leider unvermeidbar.
** Franzisme, ebenfalls unvermeidbar.
*** Verrückt, noch eine!

Das kannst auch Du! Ich setze voraus, dass meine Leser wissen, wie man eine Summe quernimmt. (Kleiner Hinweis: genau andersrum wie bei einer Längssumme).

Als der nächste Bus pünktlich 9 nach um in der Einfahrtsmulde zum Stehen kam, stieg ich souverän – als wäre es die normalste Sache der Welt – in das großräumige Gefährt. Gemütlich saß ich nun im Sessel, wurde heimwärts chauffiert und ließ währenddessen noch einmal die beiden eben erlebten Geschichten Revue passieren. Deutlich war zu sehen, dass sich die Begegnung mit Nils B. und das Verpassen meines Busses ähnelten. Beides wollte eines sagen: Gerade geschah Malheur – doch lass Dich nicht abbringen vom Ziel, geh Deinen Weg gerade weiter! Dies möchte ich auch Dir, Leser, als gereimte Lebensmaxime mit auf den Weg geben:

> *Nach Regen kommt Sonne,*
> *nach Sommer kommt Herbst.*
> *Und nach Dessau kommt Zerbst.*

Oder, wie die Lateiner schon sagten: »Errare humanum est« – »Alles fließt«.
Mit dieser Erkenntnis im Gehirnbehälter war der Tag bis hierhin kognitiv straff abgefedert, und so erreichte ich kurz darauf rotwangig und pausbackig, aber auch ein wenig erschöpft, meine Wohnung. Nach dem Tohuwabohu* des Vormittags und den vielen Eindrücken, die ich fleißig wie die Hummel vom Blütenstempel des Schicksals mit meinem Rüssel aufgesogen hatte, schien es nur recht und billig, nun

---

* Afrikanisme für Tumult.

einen kleinen Mittagsschlaf einzulegen. So konnten gesammelte Erkenntnispollen im Schlafe zu Honig galvanisieren.

»Sorge dich nicht – Imke!«, sagte vor Jahren eine lebenstüchtige, süddeutsche Bäuerin zu mir, und während ich mich daran erinnerte, ging ich schon ins Schlafzimmer, um die leichte Mollydecke für mein Schäferstündchen aus dem Schrank zu holen.

TIPP *Um den Körper nicht zu irritieren, ist es ratsam, für die mittägliche Ruhe eine andere Liegestätte als die für den Nachtschlaf präferierte zu benutzen. Der Organismus erkennt sofort: Aha! Es wird nur kurz gerastet, doch die Tagesreise ist noch lange nicht vorbei!*

Trotz meiner leichten Ermattung vernahm ich das angestrengte Brummen meines Kühlschrankes, welches mir verriet, dass es noch rasch etwas zu tun gab.

Ich kontrollierte das Außenthermometer und stellte fest: Die Temperatur war im Laufe des Tages nicht gesunken, sondern sogar gestiegen, so wie ich's vorhergesagt: Der offene Kühlschrank hatte nicht den geringsten Einfluss auf das Klima!

Zufrieden legte ich mich nun auf meine bequeme Ottomane. Regelmäßig, einmal in der Woche nehme ich mir vor, von einer besseren Welt zu träumen. Oft schon wurden mir dadurch (sprichwörtlich im Schlafe also) Einsichten zuteil, die ich später im praktischen Alltag umsetzen konnte. Ich war sehr gespannt, ob es mir diesmal wieder gelingen würde. Um sanft und gelassen in den Schlaf zu fallen, begann ich wie immer, die Rhomben meines Pullunders zu zählen:

»Eine Rhombe, zwei Rhomben, drei Rhomben, vier Rhomben, fünf Rhomben, sechs Rhomben, sieben Rhomben, acht Rhomben, neun Rhomben, zehn Rhomben, elf Rhomben, zwölv Rhomben, dreizen Rhomben, virzen Rhombne ...«

... man merkt, ich döste schon weg, es gelang mir aber noch einmal kurz, mich zu konzentrieren.

»... fünfzehn Rhomben, sechzen Rohmbe, sibze Rbne, atz Re, ze ...«

Ich sank tief in Morpheus' Arme. Die erste Phase meines Schlafes war losgelöst und völlig traumfrei, weshalb ich hier gar nicht erst versuche, sie zu schildern, da ein jeder Buchkonsument, egal, ob Erstleser oder Literaturfachmann, zweifelsfrei völlig überfordert wäre.*
Dann aber begann ein intensiver, erlebnisreicher Traum, der mich ins Reich der Phantasie entführte, stellenweise sogar darüber hinaus – aber auch wieder zurück. Dies war äußerst ungewöhnlich, da ich normalerweise bemüht bin, die naturwissenschaftlichen Gesetze, welche nun mal auch im Schlafe Gültigkeit besitzen, zu respektieren.
Doch nun zu meinem Traum, an dem Du im nächsten Kapitel teilhaben darfst.

---

* Ich rate dem Durchschnittsleser übrigens, das Buch zweimal zu lesen. Dem literarisch Vorgebildeten empfehle ich hingegen die dreifache Lektüre, denn so kann es ihm gelingen, zahlreiche verschlüsselte Botschaften zu enträtseln, die dem Durchschnittsleser ohnehin verborgen bleiben werden!

uasi zufällig habe ich an einem Preisausschreiben teilgenommen und – gewonnen! In einem Rätsel musste man *Rechnen nach Farben* (die Umkehrung von *Malen nach Zahlen*), und mehr oder weniger durch Zufall war ich auf die richtige Lösung gekommen, indem ich Ocker durch Braun dividierte und mal Rot nahm: Pink!

Kaum habe ich das richtige Ergebnis in das am Rätsel angebrachte Lösungsrohr gerufen, wird mir schon mitgeteilt, dass ich eine voll ausgestattete Luxusreise gewonnen habe! Alles ist komplett bis ins Kleinste organisiert, nur um die Finanzierung muss ich mich kümmern. Auch den Zeitpunkt, die Dauer, das Ziel, sowie die An- und Abreise überlässt man mir.

Im Kleingedruckten lese ich, dass man mich des Landes verwiesen hat. Ich füge mich, schnüre mein Bündel und scheide. Nach straffem Fußmarsch stehe ich vor einem Schlagbaum, auf einem Holzschild prangt ein Hinweis.

»HIER ENDET DIE PHYSIK!

SIE BETRETEN DAS MULTIVERSUM!«

Das kommt mir im Hinblick auf mein Verhältnis zur Lehre von den Vorgängen der unbelebten Natur und ihrer mathematischen Beschreibung sehr zupass. Ein uniformierter Pförtner mit maschinengestricktem Bart und einer unmodernen Nickelbrille will mein Visum sehen. Ich erkläre ihm, dass ich gewonnen habe, des Landes verwiesen zu werden, worauf er mich auffordert, mir ein Visum zu basteln, was ich auch tue. Das Begrüßungsgeld, erklärt der Pförtner mürrisch, sei momentan alle, und schenkt mir stattdessen eine altmodische, unhandliche Zeitlupe. Dann darf ich passieren. Stoisch durchsteige ich nun nebelumschwadete Öden steinernen Gerölls. Das Erste, was nach geraumer Zeit meine Aufmerksamkeit weckt, ist ein Ei. Ein außergewöhnliches Ei. Vermutlich ist es nicht vom Huhn, denn es ist viereckig. Obendrein ist es unsichtbar.

Schade, denke ich und gehe weiter.

Der Untergrund ändert sich, ähnlich arktischen Eisschollen auf dem Wasser dünnt er mehr und mehr aus. Ich trete auf sich verjüngende Erdinseln, welche von einem dichten Nichts umgeben sind. Im Gegensatz zum Eismeer allerdings ist alles starr und fest. Die Inseln werden kleiner und kleiner, nichts bewegt sich. Schließlich stehe ich mühsam balancierend auf einem der winzigen Punkte, der nächste scheint mir meterweit entfernt und immer weiter zu ent schwinden. Um mich herum: Überall endloser Raum und absolute Stille. Ich nehme die Zeitlupe und betrachte die Punkte, die dadurch nur noch kleiner werden und sich noch schneller nicht bewegen. Das erscheint mir unlogisch, bis ich bemerke, dass ich die Zeitlupe falsch rum gehalten habe. Ich drehe am Okular, mache einen endlos langen Schritt zum nächsten Punkt, und begleitet von einem trockenen, zischenden ZUFF! wird dieser plötzlich riesengroß, als ich meinen Fuß darauf setze.

Beruhigt stelle ich fest, dass ich wieder festen Boden unter mir habe. Während ich durch leicht abschüssiges Terrain laufe, schaue ich zum Himmel und entdecke überall helle, glänzende Monde. Endlose Baumwollfelder lassen die Landschaft wie Filz erscheinen, ein etwas unangenehmer Geruch erfüllt die Luft.

Nach etlicher Zeit erreiche ich einen Felsen, von dem ein mächtiges Tau hinabhängt. Ich ziehe mich daran hoch und erreichte nach mühsamster Tortur ein weites, mächtiges Plateau. Als ich um mich schaue, mache ich eine unfassbare Entdeckung: Ich stehe auf einem titanenhaften, endlos großen Schuh! Zu meiner Überraschung auch noch auf meinem eigenen – dem rechten, denn kilometerweit links von mir sehe ich einen weiteren.

Erst jetzt erschließt sich mir, dass ich in dem Moment, in dem ich den Schritt auf den nächsten kleinen Punkt getan hatte, auf ein Millionstel meiner Größe geschrumpft* und dadurch in meinen Schuh gerutscht bin. Das erklärt natürlich auch den unangenehmen Geruch. Dieses Erkennen lässt mich kurz erschauern. Obendrein bemerke ich nun, dass ich nackt bin.

Aus groben Fasern flechte ich ein Gewand und laufe nun abermals weiter, bis ich einen weiteren Wegweiser erreiche:

OMNITOWN – HAUPTSTADT DES MULTIVERSUMS

Am Hinweisschild erblicke ich einen Pfeil, der in alle Richtungen weist. Nach anfänglicher Verwirrung erklärt sich mir dieser vermeintliche Widerspruch: Im Multiversum geschieht ja alles. Und zwar immer. Und das auch noch überall.

---

* Natürlich konnte es auch sein, dass sich meine Umwelt explosionsartig aufblähte – aber das war mir in dem Moment egal, da es sich ja nur um einen Traum handelte.

Ich versuche nun, allen Pfeilen zu folgen, da ich mich nicht verlaufen will. Dies erweist sich als äußerst schwierig, und nach einer Viertelstunde erreiche ich Bad Brambach. Diese früher recht große Stadt besteht aus nur noch einem einzigen Haus. Da Bad Brambach komplett automatisiert wurde, baute sich die Stadt aufgrund von Bevölkerungsschwund selbständig zurück. Im letzten Haus befindet sich ein Laden. Ein Werbeposter verspricht:

Ewiges Leben per Hypnose!
Nur 99,00 Traumtaler!

Geschwind berechne ich den Wechselkurs: 72,88 Euro! Wahrhaftig, ein Kampfpreis!, denke ich. Doch als ich lese, dass man nur ein halbes Jahr Garantie gewährt, sinkt mein anfängliches Interesse rasch. Im wahren Leben hätte ich den, der solche Mogelpackung anböte, zur Rede gestellt, und zwar zur wörtlichen. Momentan jedoch will ich weiterschlafen. Ich bin Welt-, aber kein Traumverbesserer.
Eine gelangweilte Fee in einem lasziven Schlosseranzug erscheint und sagt, sie hätte noch 66 Wünsche frei. Ob ich nicht ein paar haben wolle. Ihre rauchige Stimme versprüht dumpfe Erotik. Verlegen entschuldige ich mich und gebe zu verstehen, dass ich ihr maximal zwei abnehmen könne. Ich schreibe ihr noch die Telefonnummer eines Bekannten auf, der Dienstleistungen aller Art entgegennimmt und vielleicht etwas für sie tun kann. Als ich die geschriebene Nummer lese (0049 351 3356871) erkenne ich, dass es sich um die von Jochen M. Barkas handelt. Die Fee jedoch beginnt mich heftigst zu mobben und besteht hartnäckig darauf, mir *drei* magische Dinge auf den Weg zu geben. Gnadenlos schenkt sie mir noch eine dreieckige Latex-Isomatte.
Sofort weiß ich, wie ich meine beiden anderen Wünsche zu nutzen habe. Da ich nicht mehr laufen will und mir der

Zug deutlich zu teuer erscheint, beschließe ich, zu trampen. Ich wünsche mir mit dem ersten Wunsch eine Straße und mit dem zweiten ein Auto, das mich darauf mitnimmt. Da im Multiversum ja alles in alle Richtungen führt, sollte *eine* Straße zweifelsfrei ausreichen. Die Fee schnippt mürrisch zweimal mit dem Finger und verpufft. Schon nach wenigen Sekunden gehen meine Träume in Erfüllung, eine Straße baut sich unter mir auf – endlos, bis zum Horizont. Unmittelbar darauf kommt eine Art Saporoshez* angetuckert, ich halte den Daumen in den Wind, der Wagen hält und ich steige ein.

»Nach Asien!«, sage ich.

Während der ersten Woche verläuft die Fahrt ohne Komplikationen, in der zweiten gabelt sich die Straße plötzlich – wir biegen demzufolge ab – und in der dritten Woche schließlich wird mir langweilig. Aus dem Nichts heraus nehme ich Kontakt zu meinem Fahrer auf. Er behauptet, er sei der größte Künstler, »wo gibt«. Er könne dichten wie Picasso, malen wie Mozart, komponieren wie Schiller, Marmor behauen wie **Einstein** (vgl. Hintergrundinfo), philosophieren wie Caruso und singen wie einer, dessen Name ihm gerade nicht einfalle. Offensichtlich ist er mit seinen Gedanken irgendwie eine Zeile verrutscht. Da aber habe ich mich getäuscht, denn während des Fahrens beginnt er plötzlich, ein gereimtes Lied zu malen.

Das blüfft mich ver!

So vergehen die Tage und wir erreichen Asien. Ich lasse mich an der thailändisch-laotisch-myanmarischen Grenze absetzen, nehme meine Isomatte und lege mich, die Fee für ihre Weitsicht bewundernd, aufs Goldene Dreieck.

Da fällt mir eine Geschichte ein, die sich so gar nicht zugetragen hat, an die ich mich in diesem Moment trotzdem

---

* Ein PKW russischer Bauart.

erinnere: Auf dem Bahnsteig einer deutschen Kleinstadt rauchte ich eine Zigarette, wobei ich nur halb im gelb gekennzeichneten Raucher-Rechteck stand – einen Fuß drinnen, einen draußen. Dem schimpfenden Schaffner versicherte ich glaubhaft, dass mein Tun trotzdem rechtens sei, da ich über die Begabung verfüge, in nur einen Lungenlappen zu rauchen, nämlich in den, der sich in der Markierung befinde. Der Schaffner glaubte mir nicht, wollte meine Fahrkarte sehen und aß sie auf. Auf mein erzürntes Nachfragen erklärte er, dass er wiederum das Talent besitze, nur in den vierten Finger seines insgesamt Zwölffingerdarms zu schlucken, was mir dann eindeutig zu blöd wurde.

Ich erhebe mich von meiner Isomatte und gehe zu einem Imbissstand. Die Verkäuferin ist ein grob behauener, kittelbeschürzter, müslispeiender Zyklop – seltsamerweise mit zwei Augen. Bestimmt ist er auf einem Auge blind – reime ich mir die Sache zurecht. Trotz dieser Tarnung erkenne ich in ihm zweifelsfrei Nils B. Er bietet übelriechende Buchstabensuppe feil, ich will nur ein »R«, aber ausgerechnet das hat er angeblich nicht. So kaufe ich ein »M« und löse. Margarine ist richtig und daher bekomme ich also einen großen Margarinewürfel und einen maulbrütenden Fisch. Der Fisch ist natürlich nur ein Symbol dafür, dass B. mich verfolgt. Ich binde die Margarine an einen Strick und ziehe sie hinter mir her, denn ich bin sicher: Mein Verfolger wird darauf ausrutschen und so abgeschüttelt werden.
Bald erreiche ich eine Sehenswürdigkeit. Es ist ein Berg – der Mont Möckel. Ich betrachte ihn von Ferne und folge einem Pfad, der mich nach Lombok führt, denn es zieht mich in den Zoo.
Doch der Zoo ist zu.
So verbringe ich eine Woche in einem Wohnheim für Ein-

Albert Einstein

Einstein kann getrost als eines der größten Genies der Neuzeit angesehen werden. Das Werk dieses *»nicht untalentierten teutonischen Wirrkopfes«*, wie mein Großvater ihn bezeichnete, gilt trotz erheblicher Zweifel (vgl. Hintergrundinfo Relativitätstheorie auf Seite 79) als Meilenstein in der deutschen Geschichte, neben dem Schaffen von

- Rammstein
- Wallenstein
- Gallenstein
- Feuerstein

Leider hat Einstein sein durchaus vorhandenes Potential nicht ausgeschöpft. Es ist ihm zwar gelungen, in der Physik punktuelle Akzente zu setzen, doch Bereiche wie Biologie, Malerei oder Spielplatzgestaltung blieben von seinem Schaffen völlig unberührt. Manch einer fragt sich zu Recht, warum es von Einstein keine Oper gibt.

Auch der Wille, sich dem vermeintlich Banalen zu stellen, fehlte völlig. Arbeiten mit Buntpapier schienen unter seiner Würde, jedenfalls gibt es keinerlei überlieferte Zeugnisse einer Tätigkeit in dieser Richtung.

Auch im sportlichen Bereich gab es wohl Defizite. Zeit, sich zu ertüchtigen, hatte er sehr wohl, stattdessen aber alberte Einstein rum und steckte Fotografen frech die Zunge raus.

Alles in allem eine mangelhafte Vorbildwirkung, gerade für junge Wissenschaftler.

heimische. Obwohl es schön ist, bekomme ich Heimweh, allerdings weiß ich nicht genau, wohin.

Eines Nachts gehe ich spazieren, man umzingelt mich und beginnt mich zu bewerfen. Zuerst versuche ich die Geschosse zu fangen. Es handelt sich um so etwas wie leichte Medizinbälle. Was genau es ist, weiß ich nicht, doch donnern sie stetig lauter werdend an meinen Kopf! Jetzt kriege ich es raus: Es handelt sich um Knallerbsen! Riesige Knallerbsen! Groß wie Mühlsteine, ach, was sag ich, wie Felsen! Immer lauter donnert es! Noch lauter, es ist kaum auszuhalten! Ich …

12. Von Ehrlichkeit und Neubeginn

rwachte irritiert!

Nach Sekunden erst gelang es mir, die Membran zwischen Schlaf und Wirklichkeit zu durchstoßen, indem ich erkannte, dass es heftig an der Tür klopfte. Hektisch stolperte ich dem vehement Einlassbegehrenden entgegen und öffnete. Vor der Tür stand zu meiner völligen Verwirrung – der Hausmeister. Entgeistert schaute er mich an und fragte, ob alles in Ordnung sei bei mir.

»Fakt! Und Hausordnung mache ich übermorgen!«, entgegnete ich leicht gereizt und schloss die Tür mit der Bemerkung, dass man sich nicht einmal mittags ungestört hinlegen könne. Ich ging zurück ins Wohnzimmer und meine erste Befürchtung, der Mittagsschlaf könne die angepeilte Dauer von fünfzehn Minuten überschritten haben, wurde durch einen Blick auf meinen liebgewordenen alten Blechwecker zerstreut. Beruhigt beseitigte ich zunächst die Spuren des Schlafes auf meiner Liegestatt. Die Intensität des im Traum Erlebten und das unschöne Erwachen hingen noch an mir, ich fühlte mich benebelt, während immer wieder vereinzelte Erinnerungsfetzen vorüberflogen.

Mont Möckel, Lombok – die letzten Stationen meines Traumes –, waren dies nicht alles Begriffe, die ich kannte? Doch woher? Richtig, dämmerte es mir, in Opa Clints Memoiren hatte ich darüber gelesen! Zum zweiten Male griff ich also zu seinem Tagebuch, und nachdem ich hastig einen seiner Essays über die Suche nach dem sagenumwobenen **Seeweg nach Ungarn** (vgl. Hintergrundinfo) überflogen hatte, stieß ich endlich auf die gesuchte Passage, die er mit »*Die lehrreiche Parabel von der Trostmorchel und der fünfbeinigen Katze Lombok*« betitelt hatte.

Schlaftrunken blätterte ich durch die Geschichte, in welcher er von einer Katze berichtet, die seit Jahrhunderten auf einem Berg – dem Mont Möckel – lebt, dort als Wetterhahn fungiert und irgendwann zu Tale steigt, weil sie hofft, an jenem Orte Bonbons mit Mäusegeschmack zu finden.

Begeistert las ich dieses Abenteuer, dessen Lektüre mir wieder einmal zeigte, wie eng ich doch mit meinem Großvater verbunden war. Gleich einer Schablone passten sein tatsächlich und mein im Traum Erlebtes ineinander. Im Wissen, dass unsere Schicksale auf das Beste verwoben waren, würde ich mir jetzt eine Tasse fairen, ehrlichen Bohnenkaffees auf das Mühlrad meines Kreislaufs gießen. Freudig ging ich in die Küche, doch als ich Wasser in den Kochtopf gab, schaute ich durch Zufall auf den zentralen Abrisskalender im Wandschrank:

23. Juni

DIENSTAG

HEUTE WAR DER 23. JUNI??

Kreuzbandwurm und Hackepeter!!

Geschlagene *zwei* Monate hatte ich geschlafen! Das hieß: Die mir seit dem Morgen in den Knochen sitzende Frühjahrsmüdigkeit musste mich wohl auf dem falschen (wahrscheinlich auch eingeschlafenen) Fuß erwischt haben!

Gott sei Dank hatte ich in den beiden vergangenen Monaten keine wichtigen Termine, schoss es mir als Erstes durch den Kopf. »Bist du sicher?«, flüsterte mir der innere Olaf

Der Seeweg nach Ungarn

Erste Hinweise auf diese sagenumwobene Wasserstraße wurden auf einem ägyptischen Papyrus gefunden, das Archäologen im Grab des Seefahrers und Pharaos Ramses des Befeuchteten fanden.

Fast 2000 Jahre später, im Jahre 1785, entdeckte der Spanier Raul Gonzales de Vasco Magellan diese Passage erneut und machte den Seeweg nach Ungarn endlich publik.

Bis heute gilt dieser Seeweg unter Kapitänen als schwer zu durchschiffende Wasserstraße und ist an manchen Stellen nur zu Fuß passierbar. Auch das Auto ist als Fortbewegungsmittel stellenweise unerlässlich. Für Ungarn zog die Wiederentdeckung dieses Seewegs einen immensen industriell-wirtschaftlichen Aufschwung nach sich. Besonders die Wasserversorgung verbesserte sich dramatisch, da durch die täglich anlandenden Schiffe immer wieder große Mengen kostbaren Wassers angespült werden.

Heutzutage sind immer noch viele Gebiete in der Welt nicht per Schiff erreichbar oder gar ganz von der Außenwelt abgeschnitten (zum Beispiel Belgien). Es ist wichtig, den Belgiern und anderen betroffenen Regionen zu helfen, deswegen bitte ich meine Leser:

Entdeckt Seewege! Auch zu Land und in der Luft.

Um in besonders trockenen Regionen gut vorwärts zu kommen, ist es besonders wichtig, stets ausreichend Flüssigkeit mit sich zu führen oder zumindest einen Wasseranschluss an Bord zu befestigen. In diesem Sinne: Schiff ahoi!

zwar warnend ins Ohr, doch ich ignorierte ihn. Ein Fehler, wie sich später herausstellen sollte! Andere etwaige Folge-Folgen konnte ich vorerst, nachdem nun der erste Schreck verdaut war, nicht erkennen. Abgesehen davon, dass mein liebevoll erstellter Tagesplan nun dem Orkus anheimfiel und meine Brytozoen ihre Köpfe in den Blumenkübeln etwas hängen ließen, sollte dieser kleine chronotechnische Supergau wohl keine weiteren Konsequenzen nach sich ziehen. Die Sache schien glimpflich abzugehen. Woher der Glimpf des Schicksals kam? Ich weiß es nicht.

Natürlich frug ich mich, wie es zu diesem exorbitant langen Mittagsschlaf hatte kommen können. Man muss wissen: Die Wochen, die hinter mir lagen, waren anstrengend gewesen. Trotz einer leichten Erkältung, die im Begriff stand, sich zu einem ausgewachsenen **Heuschnupfen** (vgl. Hintergrundinfo) zu entwickeln, hatte ich mit meinen beiden Freunden hart im Tonstudio an einem neuen Tonträger – dem sehr erfolgreichen Album »Mein Kämpfe« – gearbeitet. Stundenlang – oft bis weit nach 18 Uhr – feilte ich an Texten und Musik. Wenn man sich die entstandene Platte unter diesem Gesichtspunkt anhört, wird man der schier unglaublichen Intensität gewahr, mit der jede Note ins Mikrophon gepresst wurde. Offensichtlich waren Geist und Körper da von ausgezehrter, als ich selbst vermutete, und so war es nur verständlich, dass mein Organismus zu einem in diesem Falle lauteren Mittel – der Selbstjustiz – gegriffen und sich die verbrauchte Energie im Schlaf zurückgeholt hatte.

Beruhigt zu wissen, dass mein Körper über tadellos funktionierende Selbstheilungskräfte verfügte, ging ich nun zur Tagesordnung über – wischte etwas Staub, goss Wasser auf den Pflanzwurz und nahm die Wäsche von der Leine. Diese war in den letzten zwei Monaten natürlich so stark getrocknet, dass ich sie ein wenig anfeuchten musste, bevor ich sie in den Schrank legen konnte.

Heuschnupfen

Im Frühling – dieser schönen, aber auch gefährlichen Zeit – stellt der Heuschnupfen als eine der gefürchtetsten Krankheiten eine nicht zu unterschätzende Bedrohung vor allem für die Pflanzenwelt dar. So ist es nicht verwunderlich, dass der Landwirtschaft Ernteausfälle in Millionenhöhe drohen. Auslöser für den Heuschnupfen sind Pollen (weiblich: Polle, männlich: Poller), welche durch Windbestäubung von Windpocke zu Windpocke übertragen werden. Anders als zum Beispiel die Rapsakne oder die Gürtelrose ist der Heuschnupfen vor allem gefährlich, weil die körpereigenen Immune des Heus geschwächt werden und sich das eigentlich getrocknete Heu in frostigen Nächten erkältet.

Das Bedrohliche an sich aber ist das Übergreifen des Heuschnupfens vom Heu auf den Menschen. Denn dieser wiederum ist nur Zwischenwirt und überträgt das hochinfektiöse Heuschnupfen-Virus auf den Computer. Die Folgen kennen wir alle:

- laufende Druckerpatronen
- gerötete Bildschirmränder
- Kabelasthma.

Heureka!

Jetzt aber brühte ich mir endlich meinen wohlverdienten Bohnenkaffee, denn nach dem extralangen Mittagsschlaf dürstete mich nach einem extrastarken Trunk.

Das heiße Wasser zischte im Kessel, als ich es vom Gas nahm und aufgoss. Energetisch wogte das braune Gold in der Tasse, im dichten Aroma sog ich genüsslich die Hitze des südamerikanischen Orients ein. Kein Zucker, keine Sahne, nur ganze blanke Bohnen.

Auf das mühsame Zermahlen des Kaffees – wie es in noblen Cafés und Gaststätten praktiziert wird – sollte man geflissentlich verzichten. So kann man die im Ganzen aufgebrühten Bohnen mehrfach verwenden, was sich besonders bei teurem Importkaffee schonend im Geldbeutel bemerkbar macht! Auch kostbares Filterpapier wird eingespart.

Der heutige Kaffee war mir besonders gut gelungen, fast konnte ich meine Initialen in der Tiefe der Tasse nicht mehr erkennen. Ich trank und genoss das erbauende Labsal, welches mich jeden Tag um diese Zeit ertüchtigt. Nun war ich gerüstet für die zweite Tageshälfte, mochte sich mir in den Weg stellen, wer wolle! Drachen, Löwen, Armeen (Einzeltäter schloss ich aufgrund der unangenehmen Erfahrung, die ich vor meinem Mittagsschlaf gemacht hatte, lieber aus), ich hätte es mit jedem und allen aufgenommen!

So gestärkt, gestählt und mental aufgebügelt, stellte ich mich nun dem weiteren Tag zur Verfügung. Der blaue Himmel wa...

...

...

...

...

...
...
...
...
...
...
...
...
...
...
...
...
...
...
...

Lieber Leser,

etliche Zeit ist vergangen, seitdem der spannungsvolle Fluss des Buches – sicher völlig unverständlich und abrupt für Dich – unterbrochen wurde. Kein Kalkül hat dies bewirkt, noch schöpferisch gewollt war der Moment, vielmehr hat das Leben selbst in seiner facettenreichen Vielfalt hier jählings Schneise furchen lassen und die Zeit für einige Zeilen angehalten. Ein kurzes Picknick im unsteten Sein, in welchem jeder »rastlos auf dem Steyse ungeschlodder durch die Eile hötzt.« Mich erfreute die Fermate, selbst wenn der Grund, welcher letztendlich dazu führte, von trauriger Natur ist.

Doch der Reihe nach – chronologisch möchte ich berichten.

Auch wenn es mir alles andere als leicht fällt, muss ich mit einem Geständnis beginnen ...

Während des Schreibens am zwölften Kapitel habe ich ... – die ganze Zeit ... – nebenbei ... – heimlich ... – Zeitung gelesen.

Uffff – jetzt ist es raus!

Als ich mit der Arbeit zu diesem Kapitel begann, war ich damit einfach nicht ausgelastet. Jetzt allerdings tut es mir leid, denn wie schnell könntest Du meine Leichtfertigkeit als Geringschätzung erachten. Tu dies nicht! An meiner Offenheit erkennst Du vielmehr, dass ich gewillt bin, die Geschehnisse des zwölften Kapitels rückhaltlos aufzuklären, und ich verspreche: So etwas wird sich in diesem Buch niemals wiederholen!

Was aber führte nun zu obigem Trugschluss? Folgendes geschah: Ich saß am Schreibtisch, schrieb gemütlich *mit links* so vor mich hin, während ich *mit rechts* in der Zeitung blätterte. Da ich mir weder von aufgeblasenen Redakteuren noch von anderen windigen Meinungsmolchen auf keiner Ebene etwas vorschreiben lasse, lese ich sämtliche Presseorgane von hinten nach vorne, um nachher selbst zu selektieren, was wichtig ist und was nicht. Dadurch entziehe ich mich geschickt dem Schlagzeilendiktat der gleichgeschalteten Massenmedien.

Probier auch Du solches! Du wirst feststellen, dass sich Deine Meinung unvoreingenommener bildet! Am sichersten vor Schlagzeilen-Diktat ist man natürlich, indem man statt Zeitungen nur alte Schulaufsätze liest. (PS: Viele Jugendliche, die Mangas lesen, denken ähnlich wie ich. *Die komplette asiatische Welt geht sogar noch einen Schritt weiter und liest nicht nur die Zeitung, sondern ganze Bücher von hinten nach vorn, um sich auch von irgendwelchen Schriftstellern nichts oktroyieren zu lassen.)*

So schrieb ich denn mit der einen Hand, blätterte mit der anderen, und als ich fast durch war mit der Presseschau, traf mich der Schlag, fiel mir die Tasse aus der Hand, rutschte mir der Schlüpfer in die Kimme!

»MICHAEL JACKSON IST TOT!«, las ich auf der ersten Seite in großen Lettern. Dies erwischte mich eiskalt! Ich musste innehalten und war außerstande, auch nur einen einzigen weiteren Buchstaben zu Papier zu stanzen. So verrannen die Zeilen, während ich selbst der Trauer anheimfiel.

Ja, so war es, so wahr mir einer helfe! (Zum Beispiel: Gott. Allerdings, heißt es, er sei tot. Das glaube ich zwar persönlich nicht, vermute aber, dass er zumindest schwer erkältet ist.)

Erst jetzt, nachdem ich all das emotional verdaut habe, kann ich zurück ans Werk. Dies alles ist zweifelsfrei sehr außergewöhnlich, und ich muss zugeben, nicht sicher bin ich, ob das, was hier ich tue, schriftstellerisch vertretbar ist. Mut genug, die Grenzen des Konventionellen zu brechen, hab ich allemal! Drum nun weiter vorwärts im Text!

Doch zunächst kommen wir nicht umhin, ein wenig auf den Auslöser des Ganzen, den zu Lebzeiten zwar schon Verblichenen, aber nun tatsächlich Gestorbenen, einzugehen. »Michael Jackson kennt doch jeder!«, höre ich den Besserwisser tönen, »was willst du groß erzählen?« Nicht ganz unrecht hat er damit, denn Michael Jackson war ab Mitte der 80er Jahre bis zu seinem plötzlichen Tod zweifellos der berühmtere von uns beiden. Ich gönne ihm diesen Erfolg, zumal ich ihn nie als meinen unmittelbaren Kontrahenten betrachtet habe. Insofern scheint dieser vorlaute Einwurf verständlich.

Aber was ist mit jenem Leser, der erst in 300 Jahren oder womöglich noch später dieses Buch in seinen Händen halten wird? Womöglich ist Olaf Schubert dann mit seinem gesamten Oeuvre Schulstoff! Und das in vielen Fächern! In Literatur und Geschichte kommt man an mir schon jetzt nicht mehr vorbei. Aber wer weiß? Vielleicht auch eines Tages nicht mehr in **Mathe** (vgl. Hintergrundinfo) oder Bio (meinem Lieblingsfach)? Doch ich will den Pädagogen der Zukunft nicht in ihr Handwerk reden. Sie werden selbst am besten wissen, wozu ich zu gebrauchen bin.

Wenn einst also jemand in diesem Buch den Namen *Michael Jackson* lesen wird, ist die Erinnerung an ihn schon längst verblasst, weshalb ich es als meine Chronistenpflicht betrachte zu erwähnen, dass er zu Lebzeiten ein gefeiertes Idol im Rock- und Popbereich darstellte, ein Riese, der als Sänger und Tänzer – also als Showausübender insgesamt – einen Maßstab knietief und baumhoch in die Bühnenlandschaft rammte, an dem sich so mancher Unterhaltungszwerg noch heute messen lassen muss.

Mathematik

Sie ist der wichtigste Grundbaustein unserer modernen Naturwissenschaften, denn die Mathematik ist es, die uns täglich aufs Neue offenbart:

$$2 + 2 = 4$$

(Aus Platzgründen will ich hier nur
ein Ergebnis anführen.)

Die mathematischen Gesetze sind global und gelten auf der ganzen Erde. Eine Ausnahme bilden allerdings Hoch- und Mittelgebirge, ab 900 Metern über dem Meeresspiegel ergibt zwei plus zwei gleich fünf. Hier sprechen wir – wen wundert's – von »Höherer Mathematik«.

Leider kommt die gute alte Mathematik immer seltener zum Einsatz – wie viel Leid und sinnlose Zerstörung wären der Menschheit erspart worden, wenn man beispielsweise das Ergebnis des Dreißigjährigen Krieges einfach vorher ausgerechnet hätte!

Auch der legendäre Moonwalk*, bei dem die tänzerisch tätige Person scheinbar im Vorwärtslauf begriffen, sich tatsächlich aber mit der unteren Beinschere im Zwickel so geschickt vergniedelt, dass sie sich quasi rücklings vorwärts treibt, wurde von Michael Jackson zu Weltruhm gebracht.

Jetzt aber zurück zu mir, bin ich doch das Premiumsegment in diesem Werk! Sicherlich wirst Du ein wenig grübeln und Dich wundern, denn etwas Weiteres scheint in diesem Buche nicht zu stimmen: Wo hat der Schubert plötzlich diese Zeitung her, in der er hinterrücks und unvermittelt las? Richtig! Ungereimtheit tut sich auf und ein Zweites muss ich hier gestehen: Noch nicht von allem, was ich bis zum Mittag tat, habe ich berichtet. Es klafft Lücke im Wurmloch, es fehlt Scheibe im Zeitfenster. Denn als ich an der Haltestelle stund, des Busses harrte und mit Quersummen hantierte, sagte ich zu mir: »Mensch, Olaf, warum gehst du nicht zum Kiosk rüber und kaufst dir eine Zeitung? Vielleicht haben sie sogar eine von heute?** Gönn dir doch mal was!« Und während ich entschied, welcher der beiden Kioske samt Eigner den warmen Niederschlag des Umsatzes, den ich durch meinen Kauf in seine Kassen spülen würde, wohl eher bräuchte, kam mir unvermittelt der Gedanke, den Erwerb des Presseartikels, Dir, dem Leser, zu verschweigen.

* Anglizisme für »Mondlauf«.
** Besonders aufmerksame Leser werden sich an dieser Stelle wundern: Wieso hat der Schubert plötzlich in einer aktuellen Juni-Ausgabe gelesen? Ganz einfach: Während meines zweimonatigen Mittagsschlafes hatte auch die Erde nicht stillgestanden. Alles lief weiter: Zeit, Leben, Fernsehen, Wetter, Fußgänger! Da somit nun alles auf unserer Welt kalendarisch fortgeschritten war und sich mittlerweile im saftigsten Juni befand, hatte natürlich auch die Tageszeitung, in der ich las, mit dieser Entwicklung schrittgehalten und war folglich eine *Juni*-Ausgabe. Logisch!

»Ach, der muss ja nicht alles wissen!«, so oder ähnlich habe ich wohl argumentiert, und ja, ich gebe zu: Da habe ich mich selbst in die Pfanne hauen lassen, denn rächen sollte dieses Denken sich alsbaldigst, schon kurz darauf bekam ich die Rechnung quittiert. Mit meinem Aussetzer wegen Michaels Tod habe ich mich regelrecht selbst enttarnt und mein Hochmut flog auf. Nun aber ist alles offenbart.

Tabula graphae rasa – reinen Schreibtisch habe ich gemacht. Reuig und nackt (abgesehen von meinem Pullunder), aber reinen Gewissens sitze ich nun vor Dir, reif für einen Neubeginn!

Lass uns von vorn anfangen! Am besten, indem wir dort weitermachen, wo wir aufgehört haben.

Halt – langsam, dämmert es mir gerade. Fügte sich durch meinen Lapsus nicht auch etwas zum Besonderen? Steckt nicht in jedem Yin* immer auch ein Yang**? Sind wir beide, Du und ich, uns nicht gerade eben durch meine Incorrectness erstmals in diesem Buch direkt begegnet?

Natürlich hab ich Dich im Textverlauf schon ein paar Mal angesprochen, doch nun, am Nachmittag, ... Moment, ich schau zur Uhr ... Punkt 14.29 Uhr ... – jetzt, genau jetzt, schreibe ich hier an meinem Schreibtisch das, was Du in diesem Moment gerade liest, mit den Augen kannst Du es verfolgen! Wir begegnen uns direkt, live, in Echtzeit!

Raum- und Zeitbarrieren zwischen Künstler und Kunstkonsument sind endlich niedergerissen! Ich schreibe – Du liest!

Halleluja! Wir sind verschmolzen, halten ohne Bolzen, sind

* Chinesisch für Ding.
** Chinesisch für anderes Ding.

Wellen im Gleichklang, Fisch und Schwarm in einem – ach was, auch Netz, Fischer und Fischbüchse obendrein!

Was für ein vollkommener Moment! »Verweile doch, du bist so schön!«, wöllte ich rufen, wenn mir dies nicht einer schon völlig unsinniger Weise vorweggenommen hätte.

Lass uns ein kleines Experiment wagen: Ich versuche jetzt, genauso schnell zu schreiben, wie Du liest. Spürst Du den Rhythmus, die Vibrations zwischen uns?

Das ist gar nicht so leicht, da ich eigentlich viel schneller schreibe, aber für Dich lasse ich mir Zeit.

Merkst Du, wie ich l a n g s a m e r   u n d   n o c h   l a n g - s a m e r   s c h r e i b e ?   I c h   m ö c h t e , d a s s   w i r   e i n s b l e i b e n !

Jetzt aber weiter im normalen Tempo, ich hab ja nicht ewig Zeit!

Trotzdem: Ist das nicht grandios? Stell Dir vor allem noch die etlichen anderen Leser vor, die in diesem Moment, am selben Punkt des Buches angelangt sind wie Du, gleichzeitig mit Dir und mir verharren und sich nun treffen! Nicht nur geistig, sondern fast physisch vereint kommuniziert Ihr alle miteinander in parallel mentaler Sportgymnastik, inspiriert durch dieses Werk!

Geht zum Fenster, gleich jetzt, zögert nicht! Öffnet es und rufet laut hinaus: »Ich lese grad Kapitel zwölf! Ich bin Teil einer großen Kraft, und wer dies ebenfalls ist, der antworte mit ›KUCKUCK‹!«

Und? Erhieltest Du Antwort? Bestimmt! Es sei denn, Du wohnst auf dem Lande oder in einer sonstigerlei rück- ständigen Gegend. Da wäre es verständlich, dass Du die einzige progressive Stimme bist. Aber auch dann musst Du nicht schweigen. Artikuliere Dich, falte einen Bogen weißen

Papiers zu einem Origami-Flieger und beschrifte ihn mit »KUCKUCK«. Oder befülle eine Flaschenpost mit Deiner Botschaft! Sie wird den Wissenden erreichen. Vielleicht erhältst Du aber auch erst später Antwort, in Wochen, Monaten oder gar Jahren, womöglich erst, wenn Du schon gar nicht mehr dran denkst, öffnet sich irgendwo ein Fenster und Du hörst »KUCKUCK!« Dann wirst Du Dich erinnern und wirst spüren, wie der Kreis sich schließt.

Oho, welch Energie ich gerade versprühe!

Sicherlich hast Du aufgrund meiner suggestiven Kraft gar nicht die Macht gespürt, mit welcher ich Dich momentan beherrsche. Sei jedoch gewiss, dass ich sie nicht zum eigenen, sondern nur zum Wohle aller angewendet habe.

Von mir kannst Du Dich gefahrlos in den Bann ziehen lassen, bei anderen Autoren aber lauert Gefahr! Sie könnten Dich manipulieren, entmündigen und ihre Stärke für egoistische Zwecke missbrauchen.*

Ach, wie ist das pulshochtreibend, schädeldeckehebend!

Aber es gilt, trotz allem Jubel sachlich zu bleiben. Denn alles, was auf den letzten Seiten für feierliche Euphorie gesorgt, brachte uns dramaturgisch keinen Jota vorwärts. Von meinem ganzen Tag wollt ich berichten, doch momentan ist gerade mal der reichlich halbe in Papier gegossen.

Drum heißt's jetzt wieder: Beine machen der Geschichte, ihr die Peitsche geben und mit der Gerte ihr ein wenig in die Flanke pieksen. Auf dass wir – hopp, hopp, hopp, im Schweinsgalopp! – zum nächsten Abschnitt vorwärts preschen!

So – damit verabschiede ich mich also erst mal von Dir, ich werde mich irgendwo im Verlaufe des Buches noch mal bei

---

* Diese Gefahr ist allerdings relativ gering, da neben mir nur noch wenige Schriftsteller über das nötige Handwerk verfügen, solche eine vereinnahmende Kraft mit Worten zu erzeugen.

Dir melden. Falls es vorher organisatorisch nicht klappen sollte, spätestens am Schluss.

Bis dahin wünsche ich Dir erst mal weiterhin viel Spaß mit mir und gute Unterhaltung.

Beenden möchte ich dieses Kapitel aber nicht, ohne auch hier für Dich noch eine lehrreiche Wurzel zu ziehen.

Falls Du, (wie ich beim Kioskgang an der Bushaltestelle) irgendwann einmal in Deinem Leben vor einer Situation stehst, in der Du zwischen zwei Varianten wählen musst, entscheide Dich im Zweifel immer für die Richtige!

PS: Da das zwölfte Kapitel aufgrund der Irrungen und Wirrungen reichlich durcheinander begann und endete, habe ich mich gerade entschlossen, noch ein zweites zwölftes Kapitel anzuschließen, in dem ich Dich für eventuell aufgetretene Unannehmlichkeiten entschädigen möchte.

mni-impotente Nörgler und Kleingeister werden schulmeisternd mir vorwerfen, ich hätte die vergangenen acht Wochen vergeudet und sinnlos meine wertvolle Zeit verträumt. »Na und?«, erwidere ich hier bewusst ein wenig schnippisch. Was sollte ich denn so Wichtiges verpasst haben? Den Mai? Diesen angeblichen »Wonnemonat?«

Was stand im Mai denn schon auf der Agenda: Läppischstes Firlegefanze! Einzig um den **1. Mai – den Tag der Arbeit** (vgl. Hintergrundinfo) – tat es mir leid. Schon oft hatte ich mit Werktätigen und Werktätiginnen gemeinsam diesen Tag würdevoll begangen. Abseits der von Parteien und Gewerkschaften dominierten Massenaufläufe saßen wir im kleinen Kreis beisammen und ich sang Lieder zur Gitarre oder zur Klassenkampfthematik.

Auch die Presseschau – die ich ja heimlich schon begonnen hatte – offenbarte mir, dass gesellschaftspolitisch nicht all zu viel geschehen war. Ob ein direkter Zusammenhang zwischen meiner Abwesenheit und dieser Stagnation bestand, vermag ich nicht zu sagen. Darüber mögen andere entscheiden oder die Geschichte richten. Jedenfalls – das sei an dieser Stelle mal vermerkt – gehöre ich mit Sicherheit nicht zu der Charge von Leuten, die sich für unentbehrlich halten, die meinen, jede gedankliche Blähung sofort der Menschheit kundtun zu müssen. Ich weiß sehr wohl: Jahrmillionen ging es ohne mich – aber auch ohne Euch!

Diese Lebenseinstellung gründet auf unerschütterlichster Überzeugung und hilft mir auch, erlittene Rückschläge schneller zu verarbeiten. Wenn beispielsweise die Realisierung einer meiner zahlreichen Ideen, die das Leben der Bewohner auf unserem Planeten verbessern könnte, von den Ämtern Jahr für Jahr aus fadenscheinigen Gründen (kein Bedarf, kein Geld, nicht machbar, zu kompliziert, et cetera) verschoben wird – dann verzweifle ich mittlerweile nicht mehr. Irgendwie werden die Menschen schon klarkommen, sage ich mir dann, sie machen es sich halt nur unnötig schwer. Die Menschheit muss eben ihre eigenen Erfahrungen machen, und liebevoll, so wie die Schafmutter dem frischgeborenen Lammwelpen beim ersten Stehversuch zuschaut, blicke auch ich, innerlich leicht schmunzelnd, auf die unbeholfenen Gehversuche meiner Menschen.

Die einzig erwähnenswerte Veränderung, die während meines Frühlingsschlafes auf politischer Bühne stattgefunden hatte, war, wie ich auf Seite 4 erfuhr, dass unser Bundespräsident* der gleiche blieb. Der alte war auch der neue Köhler und würde sich für eine weitere Amtszeit zum Horst machen. Wenigstens *etwas* hatten die feinen Herren in der Bundesversammlung für ihr Geld getan.

Aber ansonsten: Nix, nothing, niente.

Nun gut, der Bundeskanzlerin war es gelungen, mit ihrem Charme den Ausbruch des Dritten Weltkriegs zu verhindern, las ich mit sinkendem Interesse weiter. Obendrein wurde erwähnt, dass sie in drei Wochen Geburtstag hätte.

---

* Für Leser kommender Generationen sei erklärt, dass die heutige BRD eine präsidentiale Demokratie war.

Der 1. Mai – Tag der Arbeit

Erstmals wurde der 1. Mai an einem 3. September gefeiert. Glücklicherweise fiel der zweite 1. Mai direkt auf den 1., allerdings ein Jahr später. So wurde es bis heute beibehalten.

Am 1. Mai haben alle frei. Viele Arbeitslose schauen neidisch auf die Werktätigen, die an diesem Tag nicht arbeiten müssen. Andererseits schauen am 2. Mai die, die Arbeit haben, neidisch auf die Arbeitslosen. Denn die müssen auch am 2. Mai nicht arbeiten.

Gleichzeitig ist der 1. Mai der Internationale Kampftag der Werktätigen, die dieses Datum nutzen, um sich den profit-maximierenden Plänen des herrschenden Monopolkapitals entgegenzustellen und höhere Löhne für gleiche Arbeit zu verlangen oder zumindest weniger Arbeit für gleiche Löhne, was bedeutet, dass schlussendlich dieselbe Arbeit für gleichen Lohn gefordert wird.

Heutzutage wird der 1. Mai aber auch von Jugendlichen genutzt, um ihren Unmut über das herrschende System durch das Umschubsen von Polizeiautos auszudrücken und somit Deutschland und die typisch deutschen Tugenden anzuprangern, die da wären: Fleiß, Ordnung und Pünktlichkeit (wobei sie akribisch darauf achten, dass die Randale stets termingerecht beginnen).

Eingeladen würde ich sicherlich erneut nicht werden, aber das war mir nur recht, ich halte nicht viel vom Blitzlichtgewitter und Handgeshake im Berliner Bundeskasperletheater. Die Höflichkeit gebot mir jedoch, wenigstens ein paar freundliche Zeilen zu schicken. Am besten gleich, dachte ich, dann hatte ich's weg. Ich griff zum Griffel und notierte:

Liebe Angela,
ich möchte Dir als meiner einzigen und ersten Bundeskanzlerin, die obendrein demnächst Geburtstag hat, herzlich gratulieren. Bei mir ist so weit alles i. O. (bis auf die Kita-Plätze-Situation hier in der Gegend, hier muss noch was getan werden, aber da bin ich dran.)
Versteh bitte, dass ich nicht öffentlich für Dich aktiv werden kann, da ich mich weder in die rechte noch in die linke Ecke stellen lasse – ich sehe mich politisch eher in der mittleren Ecke.

Dein Olaf
P. S.: Vielleicht gewinnst Du die Wahlen ja trotzdem.

Ich adressierte den Brief an »Angela Merkel, Bundeskanzlerin« – das musste reichen. Briefe an den Weihnachtsmann werden schließlich auch ohne nähere Angaben zugestellt.
Einige werden sich wundern, dass ich eine so hochgestellte Person des Staates einfach duze – aber so bin ich. Ich mache keinen Unterschied zwischen einer Bundeskanzlerin und Dir, dem kleinen Leserlein. Auch unterließ ich es, sie allzu detailliert über meine momentanen Betätigungsfelder in Kenntnis zu setzen. Einerseits wollte ich sie mit den vielen Problemen, mit denen ich mich herumschlug, an ihrem Geburtstag nicht belasten, andererseits hätte

dies den Rahmen einer einfachen Postkarte gesprengt. Wie immer war ich Realist und wusste: Sie würde die Karte eh nur eilig lesen und dann auf ihren Schreibtisch stellen.

Danach setzte ich die Zeitungslektüre fort und musste mit Bedauern feststellen, Anfang Mai den Berliner Datenschutzkongress verpasst zu haben. Datenschutz ist gerade in heutiger Zeit von eminentester Brisanz. (Angesichts der Tatsache, dass Naturschutz, Tierschutz, Lärmschutz oder Umweltschutz in aller Munde sind, während wehrlose Daten keine Lobby haben, wäre es nur recht und billig, Datenschutzgebiete einzufordern, oder?) Auch Du, Leser, kannst übrigens ganz einfach Datenschützer werden, allerdings:

Nicht nur an die eigenen Daten denken! Besorg Dir die Daten anderer, damit Du auch diese schützen kannst! Datenschutz geht nur, wenn alle mitmachen!

Im Feuilleton, das ich wie stets nur flüchtig überflog, fand sich ein Artikel über ein proktologisches Seminar zum Thema »Die Prostata – physiodynamischer Impulsgeber oder überschätztes Organ?«, welches vor fünf Wochen in Darmstadt stattgefunden hatte, ein Thema, das mir allerdings eher am sogenannten »Allerwertesten« vorbeiging. (Man wird an dieser spitzzüngigen Anspielung bemerken, dass ich auch in zwei Monaten Mittagsschlaf meines feinen Humors nicht verlustig gegangen war.)

Der Lokalteil war wie immer prall gefüllt mit Nebensächlichkeiten und beschäftigte sich wieder einmal ausschließlich mit irgendwelchen Geschehnissen in der Region. Das wunderte mich nicht. Von diesem Redaktionsgremium ist einfach nicht mehr zu erwarten. Einige Lokalredakteure kenne ich sogar persönlich, (ohne damit prahlen zu wollen), da ich sie ja ständig mit Informationen über mich versorgen muss.

Nun aber Schluss damit! Ich hatte genug gelesen – jetzt hieß es, nach vorne schauen und vorher noch in den Briefkasten. Der muss ja bersten!, dachte ich noch, als ich im Treppenhaus hinunterging. Und richtig – ich hatte Mühe, den Wust nach oben zu befördern. Erst in diesem Moment begriff ich, warum Post und Zeitungen überwiegend aus Papier sind. Andere, ebenso dünne Materialien wie Blech oder dünner Zement wären einfach zu schwer. Man müsste mindestens zweimal gehen, um diese Lasten in den Wohntrakt zu schleppen. Hier hatten die Verantwortlichen mal ausnahmsweise mitgedacht, als sie sich für das Papier entschieden haben.

Darüber freute ich mich kurz, kehrte zurück in meine Wohnung und konnte nun den umfänglichen Haufen in Ruhe betrachten.

Seit frühester Kindheit können sich einige auserlesene Buchstaben des Alphabetes meiner gesonderten Wertschätzung gewiss sein. Diese Lieblingsbuchstaben, meist Vokale, halfen mir nun auch, die Post zu sortieren, denn Briefe, die ich ungern lese, sind meist von Absendern, deren Initialen eher auf den unteren Rängen meiner Sympathieskala dahinvegetieren. Schlechte Karten haben zum Beispiel Briefe von Absendern mit »F« wie Finanzamt, Führerscheinstelle, Frau Fruhnert (meiner Fermieterin) oder Ansichtskarten aus Freiwalde. Solcherart Post wird von mir meist gar nicht erst geöffnet oder falls doch, fliegt sie halt geöffnet in den Papierkorb. Wozu soll ich mein sensibles Gemüt mit Dingen belasten, die eh Verdruss mir nur bescheren? Nicht umsonst habe ich jenes ungeliebte »F« auch an das Ende meines Vornamens verbannt.*

Auch die genaue Stelle, an der die jeweiligen Buchstaben im Wort auftauchen, ist von nicht zu unterschätzender Bedeutung. Mein Großvater musste dies schmerzlichst am eigenen Leibe erfahren, denn er hatte seine Reisen in alphabetischer Reihenfolge geplant, weswegen er folgerichtig in Aachen aufbrach und später in Zypern zusammenbrach. Er tat dies dem alten Irrglauben folgend, das Alphabet sei genordet, was natürlich Quatsch ist: Es ist nicht ge*nordet* – nur ge*ordnet* ist's. Das »N« an der richtigen Stelle macht den Unterschied!

Doch zurück zum Posteingang.

Gerne hingegen lese ich Post, die mir von Absendern mit »O« gesandt wird, wie zum Beispiel der O. P. E. C., Barack Obama, Doktor Seibt (meinem Orthopäden) oder dem Offiziellen Olaf-Schubert-Fanclub aus Olbernhau. Ich habe noch nie einen Hehl aus meiner Sympathie für das »O« gemacht und schon oft kundgetan, wie wichtig mir gerade dieser Vokal ist, da ich ohne ihn kein Olaf, sondern ein Fast-Nichts wäre, ein Wort-Torso, eine semantische Ruine, kurz gesagt: Ein Laf.

Nicht im Geringsten weiß ich ums Woher dieser offenen Affinität. Eine frühkindliche Erfahrung, ein Urlaub in Ohio? Hat es mit Opa Clint O. Schubert zu tun? Egal – ich lebe gern und gut damit.

Wie wichtig der einzelne Buchstabe ist, wird meist nur durch Zufall offenbar. Mir erging es so, als ich vor einigen Jahren einen Tagebucheintrag mit meiner damaligen Schreibmaschine tätigte:

---

* Bis zur völlig unnötigen Rechtschreibereform hieß ich übrigens »Olaph«.

15. 7. 1988
Essen und Wetter wieder gut. War mit Ulf angeln.
Nic
Mist! Wollte sc reiben: Nic ts gefangen, aber plötz-
lic ist das » « kaputt!
Das ist die ö e, denn die Sc reibmasc ine ist quasi
neu! offenlic kann der Sc aden bald be oben werden. Ic ätte aber nic t gedac t, dass dieser Buc -
stabe so oft vorkommt.
Obwo l man i n doc eigentlic gar nic t direkt
ört.

Nachdem ich also vermittels meiner persönlichen Bonus-
parameter die Hinterlassenschaft des Briefboten sortiert
hatte, fiel mein Auge auf eine zuoberst liegende Postkarte: Fernöstliche Kartoffeldruckmotive auf feinster hand-
geschöpfter Bütte. Ich las sofort!

Lieber Olaf,
kleine, laotische Kinder haben mich gezwungen, diese
Karte zu kaufen. Lange habe ich überlegt, was ich damit
tun könnte. Dann fiel mir ein, sie zu verschicken. Da ich
hier in der Gegend niemanden kenne, sende ich sie nach
Deutschland. Du bist bestimmt schon gespannt an wen,
oder? Ich will dich nicht auf die Folter spannen: Ich schi-
cke sie an Dich. Kostet zwar mehr Porto als Inland, aber
naja … Auf dem Bild sieht man übrigens die Stelle, an der
ich die Karte gekauft hab. Zufälle gibt's, was?
Dein und anderer Olaf!

Oho, das war eine Karte, die ich mir zweifelsfrei selbst
geschrieben haben musste – meine Unterschrift verifizier-
te mich ja als Absender. Was für eine gelungene Überraschung!, freute ich mich innerlich.

Der nur schwer zu entziffernde Poststempel war vom 16. Juni. Dieses Datum, sowie der Absenderort in Laos bewiesen endgültig, dass ich auf meiner Traumreise tatsächlich in Asien gewesen war, und die Entfernung, die ich zurückgelegt hatte, erklärte somit auch das Phänomen der außergewöhnlich langen Dauer meines Schlafes. Schon im Traum hatte ich ja überlegt, lieber den Zug zu nehmen anstatt zu trampen, so hätte ich sicherlich wenigstens vier bis fünf Tage Zeit gewonnen. Aber der finanzielle Aspekt hatte überwogen. Wenn in der Urlaubskasse Matthäi am letzten ist – ich war ja nur nackt, beziehungsweise im Schlafanzug unterwegs – muss man halt sparen. Da ich aus diesem Grunde im Traum auch komplett auf die Nutzung von Radio und Fernsehen verzichtet hatte, dürften auch keine Folgekosten von der GEZ zu erwarten sein. Ein Blick durch den Poststapel bestätigte dies.

Ich betrachtete die aufregende Karte noch einmal und strich liebevoll über diesen handfesten Beweis meines selbst im Schlafe so unsteten, ruhelosen Geistes und dachte daran, wie viel Freude doch ein Mensch erleben darf, wenn er an Dinge erinnert wird, die er nur hologrammatisch, quasi semivirtuell, im neuronalen Endlager abgespeichert hat.

So, unter emotionalem Zwischenhocheinfluss stehend, schlug ich eine interessante, gedankliche Brücke zu meinem Adventskalender, den ich im letzten Winter in liebevoller Handarbeit selbst gebastelt und erfolgreich an die Wand gespachtelt hatte. Hier verhielt es sich ähnlich, allerdings völlig anders: Es war nämlich gar nicht so einfach, immer wieder zu vergessen, was ich im Kalender für mich versteckt hatte. Man stelle sich vor: Von vorweihnachtlicher Striezeldynamik aufgeputscht, steht man vorm Türchen und will's öffnen, doch man wüsste schon, was einen hintertürs erwartet. Das komplette Überraschungskonstrukt wäre implodiert!

Dieses Problem habe ich jedoch geschickt umschifft. Falls auch Du Deinen Adventskalender selbst basteln möchtest, hier ein besonders cleverer Tipp.

Einfach hinter allen Türchen das Gleiche verstecken – so braucht man nur dieses eine Präsent zu vergessen und einem täglich neuen kindskopfgroßen Staunen steht nichts mehr im Wege!

(So ein Ärger! Jetzt, wo ich diese Zeilen niederschreibe, fällt mir wieder ein, was ich versteckt hab. Naja, dann vergess' ich's halt noch mal. Doppelt hält besser!)

Beim Nachdenken über das Vergessen erinnerte ich mich wieder an mein eigentliches Ansinnen, die Postbearbeitung, und fuhr fort, mich sorgfältig von oben nach unten durch den Papierberg zu graben, ohne jedoch auf einen einzigen weiteren postalischen Trüffel zu stoßen.

Schlussendlich blieb, unscheinbar verloren, einzig ein blasses Faltblatt übrig – das monatliche Programm des soziokulturellen Zentrums »TREFF-PUNKT«! Dieses handkopierte Stück Papier sollte den Verlauf meines heutigen Nachmittages für immer verändern.

13. Vom Schaffen und Geschäft

Lesend – mehr aus beruflicher Neugier denn aus wahrem Interesse –, was heute im TREFF-PUNKT an themenoffener Stadtteilarbeit angeboten wurde, grub sich meine Sehwurzel sofort tief in eine Ankündigung:

Um 15 Uhr Gesprächsforum:
Toleranz kennt (keine) Grenzen.

Schon im Winter, während meiner Tätigkeit als Kursleiter der »AG Töpfern im Dunkeln«, hatte ich der Leiterin des TREFF-PUNKTES, Frau B., wiederholt angeboten, ein Seminar mit diesem Themenschwerpunkt abzuhalten. Vergebens. Plötzlich aber wurden Hebel in Bewegung gesetzt und die Veranstaltung realisiert! Sicherlich dachten das hochwohlgeborene Fräulein B. und ihre Handlanger: »Mitten im Juni, 15 Uhr! Da schläft der Schubert noch – das kriegt der gar nicht mit!« Da hatten sie aber die Rechnung ohne Milchmädchen gemacht, denn diese Podiumsdiskussion würde ich mir nicht entgehen lassen!
Es soll hier auch nicht unerwähnt bleiben, dass ich schon des Öfteren (meist auf ehrenamtlicher Basis) in unterschiedlichster Form im TREFF-PUNKT dozierte. Derlei Aufträge nahm ich an, um die klamme Haushaltskasse etwas aufzubessern, was bei der schlechten Bezahlung ehrenamtlicher Tätigkeit aber kaum mehr Sinn ergibt. Auch

andere, wie ich im künstlerischen Bereich tätige Personen, die ihrem passionierten Schöpfertum und nicht dem Lockruf des Geldes folgten, stecken im Alltag oft im pekuniären Dilemma. Das darf nicht sein! Die bewusste Entscheidung, nicht dem Mammon zu dienen, muss finanziell vergolten werden! Ich fordere deshalb ausdrücklich, dass jede Form von Idealismus ausreichend und entsprechend zu bezahlen ist! Oder auf einen kurzen Nenner runtergerechnet:

Verzicht muss sich lohnen!

Auf die Knäppe und Präzisität dieser Losung bin ich übrigens besonders stolz, und sollte ich eines Tages ins politische Lager wechseln, wäre dies eine meiner zentralen Forderungen. Aber ich kann Dich beruhigen, der Zeitpunkt, an dem ich »Balmung«, wie ich meine Gitarre zärtlich nenne, an den Nagel hänge, ist noch fern. Vielleicht kommt er auch nie, weiß ich doch, dass ich mit der komprimierten Kraft meiner Songs, gespeist aus zwitterner Quelle – Text *und* Musik – mehr Menschen zu erreichen vermag als sämtliche parlamentarische Berliner Luftpumpen mit ihren paraphrasierten Worthülsen!

Für mich stand also fest: Ich würde mich aktiv am stattfindenden Gesprächsnachmittag beteiligen. Zwar gab es auch andere verlockend klingende Angebote wie Musikworkshops, diverse Selbsthilfegruppen und sogar einen afrikanischen Kochkurs – da es mich allerdings nur peripher interessiert, wie man einen Mohrenkopf brät, zog ich es vor, mich gänzlich auf jene Diskussionsrunde zum Thema Toleranz zu konzentrieren. Dies allein würde schon ausreichend Vorbereitung fordern, was bei dem wenigen an Zeit, das mir bis dahin noch zur Verfügung stand, alles andere als einfach war. Drum hieß es nun, rasch in den Unterlagen nachzuschauen, was ich zu dieser Thematik aus den Akten schütteln konnte.

Du fragst Dich bestimmt, wie und vor allem wo ich die immensen Massen an Wissen, die ich in meinem Leben bisher geistig urhub, verwalte. Ich mache mir dabei etwas sehr Praktisches zunutze, denn das Schöne ist, dass Gedanken unstofflich sind und somit keinen Raum benötigen. Nicht auszudenken, der Gedanke wär Materie mit Volumen, welch' Gedränge herrschte auf der Erde! Ich errechnete erst kürzlich, dass wir Menschen in diesem Falle keinen Platz mehr hätten, denn angenommen, ein einfacher Gedanke wie »Mensch, ich muss ja das Licht ausmachen!« hätte ein Volumen von – sagen wir – drei Kubikdezimetern, würde bei nur vierzigtausend Menschen mit der gleichen Idee den Umfang eines voll beladenen LKW (mit Anhänger!) ergeben. Den genauen Umrechnungskoeffizienten muss ich aus Urheberschutzgründen geheim halten. Nur so viel: Sämtliche Gedanken der Menschheit hätten das siebenfache Volumen des Saturns, da sind meine eigenen, ganz normal gedachten Gedanken noch gar nicht mit eingerechnet. (Alleine meine mentale Arbeit an den letzten Zeilen würde einen Hohlraum von zwölf Milchflaschen füllen.) Unstofflich und hubraumresistent ist natürlich nur das Gedankengut, das sich säuberlich verwahrt am Ursprungsort befindet – also im Kopf. Es allerdings ausschließlich dort zu belassen, birgt Risiko in sich. Eine grausame Macht giert nach dem Wissensschatz und wartet nur darauf, mit Krallenpranke zuzupacken – das Vergessen!
Man stelle sich vor: Ein trefflicher Gedanke, der – sommerlich nur leicht beschürzt, umherschweift uns im Kopfe – wie er, vom Weg durch Buntes weggelockt, trotzdem fröhlich weitertanzt. Doch Obacht! Gleich wird er des Vergessens leichte Beute! Heimwärts müsste nämlich der

Gedanke, husch, husch ins Körbchen, wo auch die andern gut behütet!

Aber nein! Fröhlich pfeifend hüpft er fort, Stund um Stund, Tag um Tag, nicht ahnend, was ihn da umschleicht, denn wüsst' er drum, tät er ja fliehen! Doch setzet er sich arglos nieder, merkt nicht, wie er müde wird, die Äuglein schließt, erst kurz, dann lang und länger. Nein – nimmer findet er zurück, denn – *Schnapp! Rapps! Krawummp!* – Da greift sie zu, die Bestie, das Monstrum Senilis!

Der verlaufene Gedanke wird zum Aas, das die Hyäne des Vergessens nährt. Dies Ungetier – es muss nicht jagen, sich mit Geheul aufs Opfer stürzen, nein! Voll Hinterlist und Tücke geht es vor. Süßlich singt es wie Sirenen, lockt und gurrt und buhlt, hält Knusperzeug parat und Zuckerwattewölkchen, versteckt bepelzte Fratze hinter lächelnder Fassade, macht sein Opfer arglos erst – doch dann entbeint es fürchterlich!

Auch in mir haust, hungrig lauernd, dieses Biest. Ich schrieb davon auf vorigen Seiten. Du erinnerst Dich, so hoff ich doch? Falls nicht, dann hilft nur Eines, Deinem löchrigen Gedächtnis auf die Sprünge zu helfen:

Zurückblättern!

Niemand, so auch ich nicht, ist vor Vergesslichkeit gefeit. Doch verfüg ich über Mittel, mit denen ich das Scheusal des Vergessens übertölpele. Ganz einfach: Ich materialisiere mein Wissen und lagere es aus. Gedanke für Gedanke steht geschrieben Blatt auf Blatt, in Ordner neben Ordner. Mein Aktenschrank ist eine Trutzburg und sperrt die Bestie winselnd weg. Haha! Das Untier heult und kläfft, weil es doch weiß: Dort drinnen warten Leckerbissen, nach denen gierig ihm der Schnabel* sabbert! Manch einer wird allerdings verwundert sein darüber, dass der Schubertsche Wissenskanon wohlverwahrt, säuberlich in Akten sortiert lagert, widerspricht dies doch scheinbar meinem ungestümen Wesen. Die straff kategorische Katalogisierung ist jedoch zwingend obligat, um stets die Übersicht im breitgefächerten Hort meines Wissens zu behalten. Mögen die Apologeten des Fortschritts mir entgegenhalten: Olaf! Benutz doch den Computer! Speichere auf Chip und Disc – das ist die Zukunft!

Ein schallendes »Nein!« ruf ich der Bit- und Byte-Phalanx entgegen. Eher geh ich runter um die Ecke und frag beim »Grabmal Faulbner« an, ob er mein Gedankengut mir meißelt in Granit – wie's schon der Ägypter hat getan mit seinen Hieroglyphen –, eh ich mich digitalisieren ließe.

Nullen und Einsen – nichts und wenig! Daraus formt man nicht die Fundamente, wenn man wie ich gewillt ist, gedankliche Gebäude zu errichten, deren Giebel in den Himmel ragen. Anders gesagt: Computer arbeiten ausschließlich mit *Ja* oder *Nein* – mir fehlt dazwischen ein *Eventuell*, das *Vielleicht*, also insgesamt der Zweifel. Wenn man dies in die Funktionsweise eines Rechners implementieren könnte, würde auch ich mich bereit erklären, mich diesem Medium zu öffnen. Da das aber nicht der Fall ist, frag ich geradheraus: Wenn die elektronische Datenverarbeitung wirklich so praktisch, flexibel und sicher wäre, wie heute allgemein behauptet wird, warum haben die großen Geister der Vergangenheit sie dann nicht schon längst ange-

---

* In meiner Phantasie gehe ich offensichtlich davon aus, dass das Fabelwesen vogelartig und deshalb schnabelbestückt ist. Es könnte aber auch ein großes Maul oder einen simplen Einwurfschlitz haben.

wendet? Das binäre System, mit dem die heutigen, ach so modernen **Computer** (vgl. Hintergrundinfo) funktionieren, ist alt wie Brot von vorgestern. Schon vor Tausenden von Jahren wären die Wissenden der vergangenen Kulturen in Asien, in Griechenland, im Orient und in Südamerika in der Lage gewesen, Computer oder computerähnliche Maschinen herzustellen. Tabu jedoch – sie taten's nicht! Denn schon damals wusste man, dass durch Störanfälligkeit, Instabilität und Benutzerunfreundlichkeit dieser Apparate solch schlimmes menschliches Leid auf Erden käme, welches kein vermeintlicher Nutzen jemals kompensieren könnte. Wieder einmal bedurfte es skrupelloser angloamerikanischer »Experten«, die, im Dienste imperialistischer Monopolisten, willfährig das Tabu durchbrachen und die Büchse aus der Pandora ließen.

Bei mir liegt also alles feinst geordnet im großen Flurregal, vor welchem ich nun stand. Mein Auge glitt die in alphabetischer Ordnung gehaltenen Reihen entlang – *Taliban, Tandem, Tobsucht, Tofu* ... – da! *Toleranz*!
Umgehend schlug ich den dicken Hefter auf. Toleranz ist eines meiner zentralen Themen, weshalb mich die Menge an Material nicht überraschte. Aphorismen und Songtexte, wie unter anderem das Lied »Detlef ist anders« mit dem legendären Refrain: »Toller – Toller! Ranz – Ranz!« fanden sich neben persönlichen Traktaten, Fotos und Zeitungsausschnitten. Überrascht stellte ich fest, dass ich bereits 1997 auf eine Primärformel zur Lösung der Probleme in diesem Sektor gestoßen war, als ich nach einer Auseinandersetzung mit meiner damaligen (und heutigen) Freundin Carola in meinen Aufzeichnungen notierte: »Wir dürfen uns einfach nicht streiten! Dann vertragen wir uns besser!«
Diese, dem zwischenmenschlichen Bereich entlehnte Grundformel heißt es, in global gelebte Praxis umzusetzen.

Computer

Der erste Computer (der sogenannte »Z1«) wurde in den vierziger Jahren des vergangenen Jahrhunderts von Konrad Zuse erfunden und arbeitete noch analog, konnte noch keinerlei Rechenoperationen durchführen, sondern ließ sich lediglich anschalten. Das Nachfolgemodell, der »Z2«, war kurzzeitig in der Lage, 1 und 1 zu addieren, stürzte danach allerdings für immer ab.

Seither jagt ein Quantensprung den nächsten, die Rechenleistung eines heutigen durchschnittlichen PCs beispielsweise reicht mittlerweile – in Entfernung ausgedrückt – bis zum Mond und zurück. Das entspricht einem Güterzug pro Woche! Wäre der Computer eine Ameise, könnte er das 17-Fache seines Körpergewichts ausrechnen (oder tragen)! Der modernste Hochleistungscomputer der Harvard-University von Berkeley (Kanada) ist so schnell, dass er nicht mehr ausrechnen kann, wie schnell er eigentlich rechnet.

Ich sage voraus: Der Computer von morgen wird Ergebnisse liefern, bevor er überhaupt gefragt wird! Und das ist erst der Anfang, denn momentan rechnen Computer ausschließlich mit 0 und 1 – nicht auszudenken, was passiert, wenn die anderen Zahlen dazukommen! All dies macht mir diesen Apparat suspekt.

Ein konfliktbereinigter Planet winkte uns allen als eherner Lohn.

Zufrieden blätterte ich weiter und stieß auf den Entwurf eines Flugblatts zum Christopher Street Day, für welches ich eine meiner lyrischen Arbeiten honorarfrei zum Abdruck freigegeben hatte. Im Gedicht »Uwe steigt vom Ufer« behandelte ich das Coming-back eines jungen Heterosexuellen, der versucht, nach einer durchlebten schwulen Lebensphase wieder in der normalen Welt Fuß zu fassen. Unverständlicherweise gelangte das sehr schön gestaltete Flugblatt nie in den Druck.

Weiter hinten entdeckte ich eine äußerst interessante Abhandlung meines Großvaters, die Opa Clint mit »*Gnadenlose Toleranz*« (vgl. Hintergrundinfo) überschrieben hatte. Ich zitiere auszugsweise: »*... wir Menschen haben die Toleranz verlernt, doch wie ist es im Tierreich? Dort, und nur dort, herrscht noch Toleranz – gnadenlose Toleranz!*«

Um dies nachzuweisen, hatte Großvater ein einfaches Experiment ersonnen. Er besorgte sich einen weißen Hamster, und zwar »*den größten und gefährlichsten, den ich finden konnte! Fuck, was für ein Monster!*« Diesen sperrte er mit einem farbigen Hamster in einen Käfig. Beide Tiere waren – abgesehen von der Farbe – absolut identisch. Der negroide Hamster hatte lediglich einen – wie Großvater notierte – »*etwas größeren Stummelschwanz.*« Das Ergebnis überraschte selbst meinen Opa: »*Dass die Hamster sich gegenseitig nicht töten würden, hatte ich erwartet. Doch diese Idylle, diese Friedfertigkeit übertrifft selbst meine höchsten Erwartungen! Beide Tiere leben in ihrer Stallwelt, kein Zank, keinerlei Zwist, es fällt kein einziges böses Wort! Habe heute den Tolerabilitätsfaktor gemessen, er liegt bei fast zwölf! Rekord!*«

Dies war Großvater jedoch nicht genug, denn er zog die

Toleranz

Toleranz ist »die Wissenschaft vom Umgang der Menschen miteinander« (vergleiche W. Jost: Die Erduldung des Ertragbaren, Fischer Verlage 1963) oder anders ausgedrückt: »Den anderen im emotional abgedunkelten Spannungsfeld von Akzeptanz und keimender Gewaltphantasie den sein zu lassen, der er ist. Gedeckelt durch nüchterne Vernunft.« Klingt komisch – ist aber so.

Seit einigen Jahren wird jeweils am 16. November der »Internationale Tag der Toleranz« begangen. Ein Feiertag, der vor allem durch seine blutige Geschichte bekannt wurde. Bereits im Mittelalter hatte man probiert, einen solchen Gedenktag ins Leben zu rufen, doch diese Versuche scheiterten kläglich, da die hypertoleranten Initiatoren sich nicht auf ein konkretes Datum einigen konnten. Europaweit führte diese Diskussion zu Konflikten, die schließlich im *Siebenjährigen Krieg* endeten. Sage und schreibe vierhundert Jahre mussten vergehen, in denen sich die tolerantesten Köpfe nicht einig wurden, bis schließlich Kaiser Wilhelm II. mit eiserner Faust den 16. November als *Internationalen Tag der Toleranz* per Dekret festlegte.

Hier allerdings hake ich kritisch nach:

Warum begeht man diesen Tag nur einmal im Jahr?

Sollte man nicht jeden Tag tolerant sein?

Oder zumindest zweimal jährlich?

Testschraube an, indem er zum weißen und farbigen Hamster noch eine bunte Hamsterin gesellte. »*Auch jetzt kommt keinerlei Streit auf! Ja, das Weibchen paart sich sogar! Allerdings nur mit dem Schwarzen. Ob's am Schwanz liegt? Wer weiß? Immerhin hat der weiße Hamster ihr Verhalten toleriert. Welch beneidenswerter Gleichmut! Sei's drum! Das verdammt nochmal toleranteste Tier von allen ist und bleibt aber die Tolerantel!*«

Hier endet sein Manuskript abrupt.

So interessant die Aufzeichnungen in etlichen Punkten auch sein mögen, bin ich trotzdem nicht gewillt, das Experiment meines Großvaters zu deuten – lehne ich doch Tierversuche grundsätzlich ab. Einzig Versuche, in denen das psychische Verhalten von Tieren erforscht wird und die Geschöpfe dabei keinerlei Form von Stress oder Druck ausgesetzt werden, kann ich akzeptieren. Aber auch nur dann, wenn die Tiere vorher betäubt wurden oder zumindest tot sind. Falls überhaupt Experimente an Lebendem gemacht werden müssen, dann bitteschön mit Holz! Noch besser natürlich mit Plaste.

Übrigens: Auch das Bewerfen von Politikern mit Igeln, das in einigen exotischen Ländern noch immer als Ausdruck des Protests praktiziert wird, kann ich in keinster Weise gutheißen. Es gibt andere, intelligentere Wege, seinen Unmut unmissverständlich kundzutun, zum Beispiel das Transparent mit Losungen beschriftet wie »Es reicht!«, »Nicht mit mir!«, »Warum?« oder einfach nur »Why?«

Empfehlenswert ist auch der Einsatz bewährter Wurfartikel wie Ei und Tomate, die Stinkbombe oder das verbale Beschimpfen als »Eierkopp«. Und nicht zu vergessen natürlich – das gute alte, heimlich untergeschobene Furzkissen.

Eine exquisite Idee gedieh in mir.

Hegen nicht viele Menschen Groll gegen Missstand und

Gegängel? Unterschwelliges Genörgel vernimmt man aller Orten, doch nur die wenigsten derer, die da schimpfen, vermögen ihre eigenen grobschlächtigen Gedanken in eine Botschaft oder Losung – also eine propagandistisch nutzbare Waffe umzumorphen. Hier, so dachte ich, müsst ich vermittelnd arrangieren! Mit meinem Talent könnte ich die unartikulierten Sorgen und Nöte der Menschen erspüren, filtern und zu klaren Forderungen sublimieren, welche auf Plakaten, Bannern und Transparenten zu erwerben wären. Zum fairen Preis – versteht sich. Wäre dies nicht ein Betätigungsfeld für mich? Eine Attack-Boutique für Demonstrationsbedarf! Ein Widerstands-Ausstatter! Ein Anti-Discounter! Aus dem Nichts sah ich eine riesige, sich türmende Marktlücke. Womöglich war in diesem Bereich ein Millionengrab zu heben!

Ein kurzer Stich durchfuhr mein Herz. Was spinnst du dir hier zusammen, rügte mich der innere Olaf zornesrot. Willst du deine Gedanken und Ideale verkaufen? Zwar gab ich zu bedenken, dass es sich ja nur um die Gedanken anderer handelte – meine eigenen wären mir dafür freilich zu schade – doch half es nichts. Mein Gewissen duldete keinerlei weiterführende Anbahnung in diesem Sektor und verbannte diese Theoreme in hinterste, dunkle Katakomben. Für immer!

Abgesehen von diesem kleinen mentalen Abdrift in den Bereich des ordinären Mammons (für den ich mich noch drei Tage später schämen sollte) segelte ich straff am Stoff und arbeitete mich zielstrebig durch die Materie, zog die Zügel meiner forsch galoppierenden Gedanken straffer, und so waren die konzeptionellen Planungen bald abgeschlossen. Ich gelangte zu der Entscheidung, meine Überlegungen in einem thematisch geordneten Punkteplan darzulegen. Die genaue Anzahl der Punkte, die zum Schluss den Sprung auf mein Manuskript schaffen sollten, war nach oben offen.

Ich zettelte Wettkampf unter ihnen an. Fest stand nur, dass es sich in jedem Falle um eine ungewöhnliche Anzahl handeln würde. Kein schnöder 5-, 10- oder 20-Punkte-Plan! Ein 16- oder 17-Plus-1-Punkte-Plan würde schon rein numerisch aus dem Raster kippeln und alleine dadurch für Furore sorgen!

Ich war nun bester Dinge, ein Feuerwerk voll zündender Ideen verpuffte auf meinem Notizblock, und wieder einmal wurde mir offenbar, von welcher Gnade des Himmels ich gesegnet bin, keinerlei Zwängen und Rücksichten unterworfen, von des Schicksals Schwingen auserwählt und frei wie der Spatz im Nilpferdhaus, bereit, ein großes Werk zu schaffen! Wie wenigen ist dies vergönnt! Millionen Berufstätige sind verhaftet in unbefriedigenden Beschäftigungsverhältnissen, dümpeln rum vor Automaten, stieren glubschig auf ein Formblatt, lenken dösend Kraftfahrzeug oder bedienen stur die Exkrementenwälze!

Diese Formen global auftretender Unterforderung am Arbeitsplatz sind immer wieder festzustellen und führen zwangsweise zum allgemeinen körperlichen Rückbau, besonders in der Hirnstruktur. Zwar werden die so entstandenen Freiräume durch forsche Freizeitparks oder elektronische Massenmedien fugenfrei verfüllt, doch was ist dieses artifiziell erzeugte Frohsinnssurrogat gegen die Euphorie, die ich empfinde, wenn im schöpferischen Erguss in mir Erkenntnis reift? Sicherlich: Auch der Maurer wird Freude haben, wenn er seine Mauer hat gemauert, doch unbewusst wird immer Zweifel an ihm nagen: Ist diese Mauer hoch genug, um den, der sie nicht überwinden soll, auch fernzuhalten? Oder ist sie vielleicht gar *zu* hoch und trennt dadurch womöglich das, was besser eins sein sollte? Ja, so grübeln viele Maurer – aber auch Winzer, Pförtner oder Tenöre!

Ich jedenfalls ergötzte mich an meinem momentanen Schaffensrausch. Tiefer und tiefer stieß ich in Ebenen vor, die nie zuvor ein Mensch durchdacht. Toleranz – dieser Diskussionsgegenstand war mittlerweile nur noch ein Kiesel im Gebirge meiner Thesen und erschien mir nun als Hemmschuh, als Fußfessel, als unnützer Ballast, der mich hinderte, wie Kater Mumpel mit Molly und Polly durch den Äther der Erkenntnis zu schwirren. Ich warf ihn ab von mir und nun, aller Ketten ledig, stiegen die erhitzten Gedanken auf im Kopf, entwickelten geistige Gewitter, welche mir im Schädel rumorten, sich im Stift entluden und zu Papier donnerten! Ohne innezuhalten schrieb ich nieder, und dann war's so weit: Mein Pamphlet war fertig – die Pflicht war getan. Der Vortrag im TREFF-PUNKT würde das Schaulaufen werden! Enthusiasmiert zog ich das letzte Blatt in kühnem Bogen aus der Schreibmaschine, hüllte es in Klarsichtfolie, griff mir einen »Gelben Köstlichen« aus meinem Apfelspender, packte ihn in den Stoffbeutel und war nun fast bereit zum Aufbruch. Alles schien perfekt: Die Sonne strahlte ins Zimmer, putzmunter flitzte ich ins Bad. Wer sollte mir heute noch in die Flinte pullern?

Klatsch! – ein paar Spritzer frischen Wassers ins Gesicht! Ritsch, ratsch! – kurz die Koteletten geschabt (da war in den letzten zwei Monaten ordentlich was gewachsen, mein lieber Mann!)! Schnipp! – die Fußnägel geschnitten! Schlupp! – die Frisur geordnet und … herrjehminee!

Missmutig bemerkte ich, dass es während meines Mittagsschlafes erneut zu Ausfallerscheinungen auf meinem Kopf gekommen war. Tja, dachte ich kurz, der Herr sprach: ›Es werde licht!‹ – mein Haar jedenfalls hat sich dran gehalten, strebsam, wie es ist.

Ich musste selbst ein wenig schmunzeln über diesen kleinen Scherz und überlegte nun, ob ich zum Fahrrad oder lieber zum Tandem greifen sollte – vielleicht konnte ich so noch einen Tramper mitnehmen? Dies war zwar relativ unwahrscheinlich, aber nicht auszuschließen. Der Umstand, dass ich gar kein Tandem besaß, machte mir die Entscheidung relativ einfach, und schon wollte ich zur Tür hinaus, da schellte das Telegeläut.

Eine erregte Freude gesellte sich zur schon vorhandenen, freudigen Erregung! Nur wichtigen Leuten wie Konzertveranstaltern, Klubhausleitern oder Chefs von Independent-Plattenlabeln geb ich meine Nummer. So war es gut möglich, dass sich endlich einer von ihnen meldete und mir das längst überfällige Angebot für das große Ding unterbreitete!

Ein Blick aufs Display verlieh diesen Hoffnungen nicht nur einen Dämpfer, sondern zerdämpfte sie gänzlich. Carola rief an. Meine Freundin.

14. Von Beziehungen

Bevor mir irgendetwas unterstellt wird: Ich bin keiner, der Angst hat, keiner der davonläuft oder sonst irgendwie den Steiß einfährt. Ich fürchte mich nicht! Das konnte ich mir jetzt wieder einmal beweisen.

Ich drückte den Anruf einfach weg.

Nach dieser bestandenen Mutprobe war mir zwar etwas flau um die Prostata, doch innerlich klopfte ich mir von hinten auf die Schulter, denn mein Handeln war rechtens. Um keinen Preis konnte und wollte ich mich jetzt ablenken lassen – zu viel stand auf dem Spiel! Unverzagt schnappte ich den Beutel und war mit einem Fuß schon aus der Tür, da schellte es erneut. Das Display bestätigte meine Vermutung – wieder war es Carola. Mein Verantwortungsbewusstsein blies ins Martinshorn der Sorge: Vielleicht lag ja ein Notfall vor – eine plötzliche psychosoziale Schräglage? Wenn dem so wäre, durfte ich sie nicht im Stiche lassen. Ei, verflixt! Einerseits war ich in Eile, andererseits war auch ihr Wohlbefinden wichtig (und ja auch in meinem Interesse), schließlich hatte ich nur eine Freundin.

Die Menschlichkeit obsiegte also über die Vernunft, ich griff zum Hörstück.

»Hallo, Schatz!«, flötete ich in den Sprechbolzen. Dieses mit schwungvoller Verve gesandte Signal der Zuneigung wurde allerdings brüsk und mit galligstem Grimm zurückgewie-

sen. Was in den nächsten fünf Minuten auf mich nieder-
prasselte, war donnerndstes Verbalgewitter, unterlegt mit
dichtestem Schmähhagel, welchen ich leider nur undeutlich
verstand, da ich den Hörer auf den Telefontisch gelegt
hatte. Aus dem Sperrfeuer der Vorwurfstiraden schlug allerdings zweimal das Wort »EISDIELE« im Zimmer ein.
Allmählich begriff ich, was vorgefallen war. Erklärender-
weise muss ich nun ein wenig ausholen.

Vieles habe ich für meine Freundin übrig, doch nur weniges
davon ist Zeit, weshalb wir unsere Zusammenkünfte schon
lang im Voraus planen. Bereits vor Monaten hatte ich ihr
versprochen, dass heute um 15 Uhr ihre Stunde schlüge
und wir beide zusammen in die Speiseeisgaststätte »Tos-
kana« gehen würden. Sicherlich hatte sie sich drauf gefreut
und auch schick angezogen, ich hingegen hatte den Termin
gänzlich versäumt. Nun fiel mir auch ein, dass der innere
Olaf mich nach meinem Erwachen vergebens gewarnt hatte! Bestimmt hatte Carola in den letzten Monaten mehrmals
versucht, zwecks näherer Absprachen mit mir Kontakt aufzunehmen. Tunlichst vermied ich es, ihr mitzuteilen, dass
sie froh sein könne, mich nach meinem ausgiebigen Mittagsschlaf überhaupt wach anzutreffen, sondern wartete
ab, bis sie sich ein wenig beruhigt hatte. Nun war es an
mir, mit einfühlsamen Worten die Wogen der Enttäuschung
auf dem Stausee der Leidenschaft zu glätten. In einem Be-
ziehungsratgeberbuch, das ich zufälliger Weise mal gekauft
und aus Versehen auch gelesen hatte, stand, dass in Streit-
situationen eine blumige, ornamentreiche Sprache Spannung abbauen kann. Diesen Trumpf schüttelte ich jetzt
natürlich aus dem Pullunder.

»Hege nicht Groll, du, die man Carola nennt!«, begann ich.
Schluchzend brach sie in Tränen aus. Na bitte – ich hatte
ihre emotionale Seite wieder erweckt! Ich erklärte ihr offen
und ehrlich, dass ich den Termin mitnichten vergessen hät-

te, nur wären extraordinäre Umstände eingetreten, die sie in jedem Falle verstünde, wenn sie sie verstähe.

Zu Carolas Entschuldigung sei angeführt, dass ihre momentanen Lebensumstände von immenser Anspannung geprägt sind. Ein halbes Jahr zuvor hatte sie ihr Mathematikstudium beendet und wusste noch immer nicht, in welche Richtung sie sich nun spezialisieren sollte. Wir führten lange und intensive Gespräche über ihre Zukunft. An romantischen Abenden mit jeweils einer Kerze und einem alkoholhaltigen Mischgetränk in unserer Mitte (meist ein erlesener Verschnitt bulgarischer Importweine) legte ich ihr meinen Standpunkt klar und deutlich dar. Da ich Carola für sehr begabt halte, riet ich ihr, sich ganz auf die Addition zu konzentrieren, denn so wäre ihr Weg quasi nach oben offen. Von der Division hingegen solle sie die Finger lassen, da würde sie sich einen Bruch rechnen. Ich denke, einfacher kann man einem jungen, unerfahrenen Mathematiker den Weg in die Zukunft nicht zeigen. Dennoch hat sie sich bis heute nicht entscheiden können. Das zehrt an ihr.

»Carola«, beruhigte ich sie, »du weißt, dass ich mich nicht an dich allein verschwenden kann.«

TIPP Frauen sind am besten zu versöhnen, indem man mit großzügigem Gestus ein Geschenk in Aussicht stellt. Die materielle Orientierung des Weiblichen ist evolutionär gewachsen. Die Gabe muss nicht wertvoll, aber in jedem Falle teuer aussehen.

Ich machte ihr dahingehend Andeutungen.

»Ich möchte *Zeit* mit dir verbringen, Olaf!«, sagte sie vehement.

»Ahhh«, erwiderte ich ganz ohne Herablassung, aber mit

einem kleinen Lächeln in der Stimme, »ich habe verstanden.«

Wer es wie ich vermag, fein nuancierte Zwischentöne zu deuten, wird wissen, was Carola gemeint hatte: Ihre unterschwellige Botschaft war natürlich, dass sie eine neue Uhr von mir wollte! Dies erwähnte ich natürlich nicht, sondern würde sie bei nächster Gelegenheit damit überraschen.

»Liebst du mich denn noch?«, fragte sie.

»Carola«, ich hatte das »R« in ihrem Namen mit einer angelsächsischrollenden Note prononciert, ähnlich wie das »R« in »Massachusetts«. »Ich habe dir schon vor Monaten mitgeteilt, dass ich dich liebe – und wenn sich daran etwas ändert, sag ich's!«

Zu guter Letzt gab ich natürlich zu, mit dem Vergessen unserer Verabredung einen »Fehler« begangen zu haben. Da ich mich anfänglich lange Zeit intensiv dagegen verwahrt hatte, dies einzugestehen, war es für sie umso bedeutender, endlich am Ziel angekommen zu sein und doch noch recht bekommen zu haben. Mit diesem simplen Schachzug ist es mir schon oft gelungen, ihr eine große Freude zu bereiten.

Nachdem wir also Frieden geschlossen hatten, kündigte ich an, dass sie morgen von mir in der Zeitung lesen würde, und gestattete ihr schon vorab, den Artikel ausschneiden und stolz ihren Freundinnen zeigen zu dürfen.

Zum Abschied versprach ich, mich zeitnah bei ihr zu melden, legte auf und machte mich nun endgültig auf den Weg.

15. Vom Streiten und Musizieren

wischenzeitlich waren Wolken aufgezogen. Doch das kümmerte mich nicht. Tapfer strampelte ich auf meinem Drahtesel, der mich quietschend meinem Ziel entgegentrug. Zärtlich strich ich über den rostigen Lenker und überlegte kurz, wann das gute Gefährt wohl *die letzte Ölung* erhalten hatte. »Olaf!«, ermahnte ich mich lächelnd, »ab jetzt keine Späße mehr! Du bist in ernsthafter Angelegenheit unterwegs!«

Frohen Sinns setzte ich meinen Weg fort und repetierte in Gedanken die argumentative Gliederung meiner vorbereiteten Ausführungen. Trotz dieser sachlichen Überlegungen genoss ich die sommerliche Luft, die mir lau schmeichelnd durch die Nüstern glitt. Ich fühlte mich eins mit mir, endlich bei mir angekommen, obwohl ich doch eigentlich unterwegs war – verrückt, oder?

Zügig näherte ich mich dem Zentrum, und proportional zum dichter werdenden Stadtgetümmel stieg auch der **Lärmpegel** (vgl. Hintergrundinfo) an. Aus der tosend kakophonen Symphonie der Großstadt, aus all dem Krach, entfacht durch Motoren, Hupen, Abgase und Ampeln, filterte mein fein geschultes Ohr jedoch auch den Wohlklang von Musik. Ich steuerte in Richtung Klangquelle. Auf einem Fußweg zwischen zwei Cafés sah ich jetzt auch nah, was ich von Ferne nur gehört. Drei der vier Straßenmusiker, welche dort öfter bei gutem Wetter spielten, kannte ich.

Andreas, Knolli und Kiste waren Kumpels aus alter Zeit. Trotz guter musikhandwerklicher Fähigkeiten hatten sie den Absprung auf die großen Konzertpodien irgendwie verpasst. Besonders Knolli, der Gitarrist, war sehr begabt. Er kam aus dem Jazzbereich und konnte sogar Barrégriffe. Zwei, drei Monate hatten wir gemeinsam eine Band, doch irgendwann lernte ich Jochen kennen und habe mich aus sozialen Gründen für ihn entschieden.

Sie spielten gerade einen Bossanova-Song. Der Saxophonist in ihrer Mitte blies ein duftes Solo, hatte sich aber im B-Teil tonal etwas vergriffen.

»Fis!«, rief ich deshalb im Vorbeifahren und winkte meinen Kumpels zu.

Um eines klarzustellen: Nicht schnöder Hochmut war es, der mich weitertrieb – der Musiker in mir fühlte, was in den Kollegen vorging. (Aufgrund meiner extremen Sensibilität reagieren meine Antennen schon bei geringsten Impulsen, denn ich verfüge über feinst ausgeprägte Sinne. Neben den herkömmlichen wie Tastsinn, Geruchsinn, Gleichgewichtssinn et cetera, sind auch Gerechtigkeitssinn, Uhrzeigersinn und Leichtsinn bei mir außergewöhnlich stark entwickelt.) Natürlich spürten sie den giftenen Stachel des Neids in sich, blieb ihnen dort auf der Straße – doch der Erfolg verwehrt, den ich auf richtigen Bühnen mit echten Scheinwerfern in den großen Kulturhäusern der Region feiere. Auch heute Abend hatte ich wieder einen Auftritt zu absolvieren – einen von vielen, die noch folgen würden. Die Anspannung, die ich im Vorfeld meines Vortrages im TREFF-PUNKT spürte, war jedoch größer als das Lampenfieber vor einem meiner regulären Konzerte. So war es nicht verwunderlich, dass ich ungebremst meinem Ziel entgegenstrebte.

Vielleicht sollte ich noch anfügen, dass ich meine Veranstaltungen natürlich nicht einfach stupide abspule. Auch

Lärm

Unter Lärm verstehen wir eine in Dezibel messbare, genau definierte Lautstärke, die über einen gewissen, längeren Zeitraum einen bestimmten Pegel nicht unterschreiten darf.

Wird dieser Pegel bei gleichzeitiger *Unter*schreitung des Zeitraumes *über*schritten (sprich: hohe Lautstärke für kurze Zeit), sprechen wir von einem Knall.

In den letzten 150 Jahren hat die Lärmentwicklung große Fortschritte erzielt. Bis in die Mitte des vorletzten Jahrhunderts musste Lärm vorwiegend mühsam verbal erzeugt werden. Dies war körperlich sehr anstrengend, weshalb allerlei Maschinen und Geräte erfunden wurden, die dem Menschen die aufwändige Lärmerzeugung abnahmen:

- der Rasentrimmer
- das Auto
- der Lautsprecher
- das Kleinkind

Um den liebevoll erzeugten Lärm gut hören zu können, ist vor allem eines wichtig: Stille.

Gerade in Großstädten ist diese allerdings kaum noch vorzufinden, deshalb bitte ich meine Leser:

Werdet Lärmschützer!
Sorgt für Ruhe!
Der Lärm geht sonst unter im Krach!

heute noch bin ich vor einer Mugge* aufgeregt – warum dies leugnen? Das ist normal, denn, wenn man fast täglich vor mehreren Menschen auftritt, muss der Körper unter Strom stehen, damit ein Maximum an Höchstleistung abrufbar ist. Um die hierzu nötigen Endorphine – vor allem die Testosterone und Adrenaline – auszuschütten, gelangen bei jedem Bühnenschaffenden diverse Stimuli zur Anwendung, die es ihm ermöglichen, eine kreative Grundstimmung aufzubauen. Viele »Künstler« werden in solchen Momenten aber leider auch zerstörerisch und aggressiv. Das beginnt oft schon bei der nachmittäglichen Klangprobe, in welcher die Mikrophone eingestellt werden. Mal brummt es zu tief, mal zischt irgendwas zu hoch, mal ist zu viel und mal zu wenig Hall auf der Stimme. Diese rein akustischen Aspekte werden aber völlig überbewertet. Ein bekannter Kollege sagte einst zu diesem Thema: »Musik wird *vor* dem Mikrophon gemacht.« Recht sprach er! Fehlendes Niveau, flache Texte, mangelndes Handwerk? Möge bitteschön die Technik retouchieren und künstlich aufpuffen! Traurig, aber wahr: Das ist der Anspruch vieler Interpreten von heute. Damit lässt sich jedoch nicht dauerhaft Erfolg erzielen. Synthetische Soundimplantate bleiben eben nur billiger Effekthasch, der porös zerbröselt, wenn man ihn auf Substanz seziert. Klar, mit modernen Elektrogitarren und Synthesizern lässt sich allerlei herbeizaubern, aber keine melodisch interessant vertonte, sozialkritische Aussage!

Irrig wäre es zu glauben, ich sei gewillt, die technischen Errungenschaften unserer neuen Zeit mit Unrat zu begöbeln. Mitnichten! Die Einspritzpumpe, die Luftaustritts-

---

* Professioneller Musikerslang für »Öffentlicher Auftritt mit musikalischen und moderativen Unterhaltungselementen inklusive eventueller – bei mir nicht nötiger – Showeinlagen«.

düse, das Keyboard und die Lampe (um nur drei zu nennen), all dies brachte vielerlei Gewinn für uns. Deshalb ein kurzer, aber wichtiger Tipp an dieser Stelle:

Wenn Dir der technische Fortschritt über den Weg läuft, stell Dich ihm nicht entgegen, sondern folge ihm seitlich.

Auch bei der Auswahl der Lichtstimmungen sind viele der sogenannten Stars überanspruchsvoll und eitel. Nur, weil das vom Management angeforderte, fetzige Tschitscherin-Neongrün durch ein Biedermeier-Khaki ersetzt wurde, wird wuschiger Zinnober aufgeführt! Und wenn das Lichtpersonal dann seiner gefährlichen Arbeit nachgeht, die hohen Meter hinaufsteigt, um die Leuchtmittel so zu justieren, auf dass die feinen Herren »Künstler« im besten Lichte erstrahlen, haben eben diese Showstars nichts Besseres zu tun, als von unten an den langen Leitern zu wackeln, die Arbeiter zu hänseln oder womöglich gar noch böse Schimpfworte zu rufen und Grimassen zu schneiden. Ungezogenheiten derlei Art sind an der Tagesordnung!

Auch übermäßigen Konsum alkoholischer Getränke oder Geschlechtsverkehr mit häufig wechselnden Partnerinnen sowie das skrupellose Urinieren in dafür nicht vorgesehene keramische Sanitärsegmente finden viele schick. Und das alles unter dem Vorwand der *Inspiration*, oder besonders clever unter dem Deckmäntelchen des *Rock und Roll* verbrämt.

»Pfui!«, sage ich da nur, ohne mir damit ein Urteil anzumaßen.

Sicherlich, auch ich hab meine Tricks und Kniffe, um auf

Tour zu kommen. Gelegentlich gönne ich mir ein alkohol-haltiges **Bier** (vgl. Hintergrundinfo) und genieße dessen be-lebende Betäubung. Im direkten Veranstaltungsalltag gibt es so etwas aber natürlich nicht.

Um dort die notwendige schöpferische Aggressivität auf-zubauen, muss mir Jochen an manchen Tagen eine Liste mit den Namen meiner Vorgänger bei Carola vorlesen, manch-mal haut mir Herr Stephan auf die Impfe oder wir spielen gemeinsam eine Runde Diktatoren-Quartett.

Irgendwie muss ich mich aufpumpen vor einem Konzert. Das hat guten Grund, denn ich funktioniere wie die Schwung-radkupplung: Bevor sie greift, muss sie Umdrehung leisten, und genauso muss ich selbst erst Fahrt aufnehmen, um mein Publikum mitreißen, entflammen und für meine Ideen begeistern zu können. Diese Begeisterung will ich bei *allen* Beteiligten des Abends spüren, deshalb stellt sich das kom-plette Personal – vom Feuerwehrmann über die Künstler bis zu den Beschäftigten im Sanitärbereich – vor dem Auf-tritt im Oval (ein Kreis wäre zu rund) auf. Allerdings fassen wir uns nicht an den Händen oder veranstalten ähnlichen Kinderkram. Nein, wir sind Musiker! Wir berühren uns an den Ohren, halten kurz die Spannung und das war's.

Wichtig ist ebenfalls, dass zwischen mir und meinem Publi-kum die Chemie stimmt – und die Mathematik natürlich auch: Im Publikum müssen mehr Menschen sein als auf der Bühne. Wenn dies der Fall ist, steht einem erfolgreichen Abend nichts im Wege.

Nach dem Auftritt, wenn die Lichter dann erloschen sind, gehe ich selbstverständlich noch einmal zu den Tech-nikern und überreiche kleine Präsente zur Erinnerung an das gemeinsam Erlebte. Mal etwas Gebatiktes, mal eine Lötkolbengravur, manchmal etwas Ausgeschnittenes, ein Hirsekissen oder auch ein Dinkelsäckchen. In jedem Fall aber etwas Persönliches, etwas, das ich selbst hergestellt

Bier

Seit über 500 Jahren wird in Deutschland Bier gewinzt. Das Winzen von Bier galt lange als umstritten, hat sich aber im Laufe der Jahrtausende allem Widerstand zum Trotz gegen andere Bierherstellungsverfahren durchgesetzt, als da wären:

- Bier klöppeln
- Bier brauen
- Bier backen
- Bier spalten

Das alte urgermanische Sturzbier beispielsweise wurde noch gepökelt und gekeltert. Erst die Einführung des Deutschen Reinheitsgebotes ebnete dem Bierwinzen endgültig den Weg. Das deutsche Reinheitsgebot ist übrigens eines der härtesten Gebote überhaupt und erlaubt keinerlei zusätzliche Ingredienzien – weder Hopfen noch Wasser – sondern ausschließlich reines Bier (und Alkohol). Das rumänische Reinheitsgebot zum Beispiel ist wesentlich laxer und erlaubt Rückstände wie Bauxit, Uran, Strontium, Rettich oder Ziegelstaub. (Deshalb ist rumänisches Bier unmittelbar nach dem Kauf als Sondermüll zu entsorgen.)
Das Winzen wird sich nicht mehr aufhalten lassen, und ich prophezeie schon jetzt: In Zukunft werden auch andere Getränke wie Tee, Fanta, Wein und Milch mit einfachsten Mitteln gewinzt werden. Heutzutage wird nur noch zwischen gewinztem und gezapftem Bier unterschieden. Mein persönlicher Favorit ist übrigens das gekaufte. Oder das gebüchste Bier.

habe oder einfach nicht mehr brauche. Die meisten Büh-
nenarbeiter freuen sich (nur wenige, vorwiegend aus dem
Amateurbereich, bleiben verstockt und rollen griesgrämig
ihre schäbigen Kabel auf die Trommel). Ein kumpelhafter
Plausch schließt sich meist noch an, aber ohne Phrasen der
Ehrerbietung oder irgendwelche Lobhudelei – so etwas
weise ich von mir mit Konsequenz. Wobei jedem klar sein
muss: Kritik ist wichtig, denn für mich ist Kritik positives
Lob. Allerdings möchte ich nicht, dass man vor mir den
Bückling macht, und erwarte weder Kratzfuß noch Diener.
Ein schlichtes »Danke, Olaf!« reicht mir. Es geht auch
»Klasse, Mann!«, »Genial!«, »Echt stark!« oder einfach
nur »Spitze!«. Damit keinerlei Verstimmung aufkommt,
stehen diese Vorschläge auch in meinen Verträgen und
sind vom Veranstalter oder einem seiner Adjutanten nach
dem Konzert unbürokratisch vorzutragen. Ich wäre übrigens der Letzte, der sich aufregt, falls der eine oder andere
sich selbst was überlegt und mir auf seine Weise gratuliert.
Im Gegenteil: Ich freue mich über Kreativität – solange sie
ehrlich ist und nicht in pauschale Kritik abdriftet.

Doch nun zurück zu meiner Fahrt.
Nur noch wenige Ecken waren's bis zum TREFF-PUNKT,
in freudiger Erregung beschleunigte ich das Tempo, trat
fester in die Pedale, als Folgendes geschah: Sicher, ich fuhr
recht flott, kam auf dem Fußweg aus der falschen Richtung und hatte keine Vorfahrt – dass der in seinem Auto
sitzende Kraftfahrer trotzdem ohne mich zu sehen und zu
bremsen weiterfuhr, widersprach nicht nur dem Paragraph
1 der STVO (Rücksichtnahme), sondern war schlicht und
einfach unverschämt!
Ich legte heftig klingelnd einen Stemmbogen hin und ver-
hinderte im letzten Moment eine Kollision. Erschrocken
stieg der Verkehrsrowdy aus seinem Pkw. Grundsätzlich

bin ich übrigens der Meinung, dass es nur Angeber nötig haben, Auto zu fahren. Trotz dieser ureigenen Überzeugung beschloss ich, mich unvoreingenommen der nun folgenden Debatte zu stellen.

»Mannomann, alles heil geblieben bei dir?«, fragte er scheinbar besorgt.

»Nanana, wir wollen hier ja nicht voreilig die Schuldfrage stellen!«, hob ich die Diskussion auf eine sachliche Ebene. Ich stieg vom Rad, lehnte es an eine Laterne und machte mich bereit, seine Entschuldigung anzunehmen. Stattdessen murmelte er, ich hätte »aber ein ganz schönes Tempo drauf gehabt«. Offensichtlich war ich an einen äußerst cholerischen Zeitgenossen geraten.

Ich gebe zu, das Verkehrsrecht gehört nicht unbedingt zu meinen Kernkompetenzen, sind mir doch andere Bereiche wie das Strafrecht, das Patentrecht, das Völkerrecht oder das Recht auf persönliche Freiheit wesentlich wichtiger. Trotzdem versuchte ich, dem Zwist, der sich hier anzubahnen schien, aus dem Wege zu gehen. Ich rief mir die Erkenntnis *Wir müssen uns weniger streiten, dann vertragen wir uns besser!* nochmals ins Gedächtnis und versuchte anhand dieses Verhaltensmusters, die Lage zu deeskalieren.

»Wer von uns beiden hier die Vorfahrt hatte, ist nebensächlich!«, erklärte ich dem Fahrzeugführer, der nun schwieg und sich wie hilfesuchend umblickte. Was plante er? Scheinbar weigerte er sich strikt, die Situation offen zu klären! Menschen, die sich einer sachlichen Auseinandersetzung entziehen, werden nicht selten handgreiflich. Doch genauso wie ein verbales Mobbing oft nur als Hilferuf zu verstehen ist, betrachtete ich das aggressive Schweigen meines Gegenübers als stummen Schrei, der darum bat, abgehalten zu werden von voreiliger Gewalt.

Ein kleiner Menschenauflauf hatte sich gebildet. Dies war eine willkommene Gelegenheit, den Versammelten eine Demonstration in gelebter Gewaltfreiheit zu geben. Ich fragte an, ob es hilfreich sei, einen Schutzmann herbeizurufen – ohne Erfolg, denn noch immer stand mein Gegenüber da und nuschelte etwas von gewissen Regeln, an die sich ein jeder halten müsse. Um dieser Pattsituation ein Ende zu bereiten, bot ich ihm mannhaft meine Hand zum Einschlagen an und signalisierte somit, dass ich ihm vergebe. Er jedoch wich einen Schritt zurück, striff mit angetäuschter Unabsichtlichkeit mein Rad, und hilflos musste ich mit ansehen, wie mein Drahtesel scheppernd im Rinnstein landete. Entsetzt bemerkte ich das zersplitterte Rücklicht.

»Lass ab, Bürger!«, rief ich, noch einen Schritt näher tretend. »Bist du toll? Raserei trübt deinen Sinn! Was richtest Wut du gegen mein unschuldiges Gefährt?«

Nur naive, womöglich in der Landwirtschaft beschäftigte Zeitgenossen hätten seine erhobenen Hände und weit aufgerissenen Augen als Gesten der Beschwichtigung missinterpretiert. Mir aber war klar, dass Heimtücke hier belzebübisch Vorsatz trieb.

Daran konnten auch die scheinheilig hervorgebrachten Worte der Entschuldigung nichts ändern. Jeder, der mich kennt, weiß, dass ich so leicht nicht aus der Ruhe zu bringen bin. Doch dies war der Funke, der auf dem besten Wege war, das Fass zum Überlaufen zu bringen! In meinem Auge blitzte der Zorn wie das Sonnenlicht aus den Scherben des zerborstenen Rücklichtes.

Du, Leser, wirst meine ehrliche Empörung nachvollziehen können. »Los, Olaf«, höre ich Dich sticheln, »zeig's dem Frechen! Schubse! Stubse! Hänsele zurück! Vertreib den Jähzorn mit Gewalt! Vergelte Gleiches nicht mit Gleichem, aber zumindest mit Ähnlichem! Es ist doch mehr als rechtens, dass gerade dem stets friedenstiftend Gelassenen auch mal die Hand ausrutscht!«

Aber nein, ich muss Dich enttäuschen. Quo vadis?*, dachte ich. Nimmer werde ich die Hand erheben gegen etwas anderes als Unterdrückung oder Willkür! Sollte er mit Schuld beladen durch sein weiteres Leben gehen und die lastende Schmach des schlechten Gewissens tragen.

»Püh!«, machte ich, stieg auf mein Fahrrad und radelte von dannen. Dies würde ihm eine Lehre sein!

Somit findet auch dieses Kapitel doch noch ein versöhnliches Ende.

Wie ich allerdings soeben bemerke, habe ich Dir im letzten Abschnitt relativ wenige meiner wertvollen Tipps vermittelt. Dafür entschuldige ich mich und gebe Dir hiermit gratis einen besonders persönlichen Ratschlag:

Croutons immer erst kurz vor dem Servieren oder direkt bei Tisch auf den Salat streuen, dann bleiben sie schön knusprig!

* Wem nutzt's?

16. Von Geschichte und Anbahnung

etzt war Eile geboten! Der TREFF-PUNKT liegt im Süden der Stadt, die Fahrt zog sich durch den dichten Verkehr trotz raffiniertester Abkürzungen in die Länge, und die Uhr am Straßenbahnhof gegenüber verriet, dass ich zu spät kommen würde. Meinem geplanten großen Auftritt tat dies allerdings keinen Abbruch – im Gegenteil. Zuerst durften halt die anderen ran. Sollten die provinziellen Kleinwildjäger ruhig mit ihrem feuchten Pulver in den Himmel ballern. Wenn ihr verirrter Schrot dann wirkungslos zu Boden laffelte, würde ich mit Präzision und Großkaliber die kolossalen Böcke schießen.

So beflügelt bremste ich scharf und lehnte mein Gefährt in Eile an einen der unpraktischen Fahrradständer vor dem TREFF-PUNKT, deren rostige Erscheinung symptomatisch für den Gesamtzustand dieses Hauses war.

Erneut wurde ich aufgehalten. Wie ich feststellen musste, hatte ich den Schlüssel meines Fahrradschlosses im hektischen Aufbruch vergessen! Unabgeschlossen aber konnte ich meinen Trethobel hier nicht stehen lassen. In solcher Situation war wieder einmal Improvisationstalent gefragt. Schleunigst dachte ich mir einfach eine vierstellige Zahlenkombination für das Schloss aus und war so in der Lage, mein Fahrrad zu sichern. Diesen Trick würden die gierigen Langfinger wohl kaum durchschauen!

TIPP *Das kannst auch Du! WICHTIG: Nicht den Geburtstag oder ähnliche persönliche Zahlenkonstellationen als Code verwenden! Sie werden von Tätern zuerst probiert und sind obendrein zu lang (maximal vier Ziffern!!!).* *

Hastig erklomm ich nun die bröckelnden Stufen, trat ein und schaute mich um im menschenleeren Vestibül. Viel hatte sich seit meinem letzten Besuch vor zirka sechs Monaten nicht verändert, denn noch immer fehlte es an Orientierungstafeln oder Markierungsschildern. Wo sollte ich hin? Logisch, wer sich über »Toleranz« unterhalten will, der trifft sich in der Mitte. Doch was tun, wenn sich in dieser Richtung betonierte Wand auftut? Etwas ratlos lief ich eine Weile im Kreise, merkte aber bald, dass ich dabei auf der Stelle trat. Kein Mensch weit und breit! Nur dunkle Gänge und gähnende Flure. In bestimmten Publikationen werden derlei Umstände gern als *kafkaesk* geschildert. Ich würde sie treffender Weise eher als *schubertös* bezeichnen.

Nach Augenblicken des ziellosen Strebens entdeckte ich endlich in der linken Ecke des düsteren Entrees einen etwas labilen, roh zusammengezimmerten Verkaufstresen, geziert von einem rötlich leuchtenden Stern. Wie ich beim Nähertreten sah, war der Standort – linke Ecke – offensichtlich programmatischer Natur. Aufkleber, T-Shirts, Poster und Bücher signalisierten eindeutig, woher hier der ideologische Wind wehte. Erst jetzt, nachdem sich meine Augen an das trübe Licht gewöhnt hatten, las ich das Banner, welches dem kleinen Kiosk seinen Namen gab:

RALFS PROTEST-OASE.

* Zum Beispiel: 3218 oder 7214.

Hier kochte also jemand – vermutlich ein gewisser Ralf – sein ganz eigenes Süppchen!

Welche Frechheit, bar jeden Bodens! Ich hatte mir meine Idee, Handel zu treiben mit Widerstandsbedarf und politischem Agitationsmaterial aus Gewissensgründen mühsam aus dem Kopf argumentiert, und was musste ich erblicken? Andere verkauften hier aus skrupelloser Geldgier im wahrsten Sinn des Wortes ihre Ideale! Die Preise, die es fürs Feilgebotene zu berappen galt, waren gepfeffert.

Ich griff ein Buch mit Anleitungen zum Bau von Transparenten aus einem der Stapel, als plötzlich eine Person weiblicher Struktur anbei trat und beflissen grüßte.

»Helau!«, gab ich zurück und war erfreut, dass wenigstens der Service stimmte. Die Verkaufskraft war keinesfalls nur indirekt attraktiv – im Gegenteil. Zuzüglich zum sympathischen Gesamterscheinungsbild wusste sie, mit ausgeprägten Primärreizen zu punkten. Ich war natürlich reif genug, um mich davon nicht mehr beeindrucken zu lassen, mochte sie mich noch so aufreizend ignorieren. Mich würde sie nicht aus der Reserve locken!

»Ist Ralf dein fester Freund?«, gab ich mich unverbindlich distanziert, während ich so tat, als würde ich eifrig das Angebot studieren. Das meiste davon hatte ich natürlich längst schon gelesen.

»Ralf? Wieso?«, spielte sie das Mauerblümchen.

Menschen, die wie ich seit langem eine feste Freundin haben, sollten die Stabilität ihrer Beziehung immer wieder überprüfen. Dies kann auf unterschiedlichste Weise geschehen. Zum Beispiel indem man sich bietende Chancen zur Anbahnung vorerst wahrnimmt, um dem Flirtpartner später klarzumachen, dass man leider schon gebunden ist.

Nach einem längeren Tête-à-tête war mir momentan zwar nicht zumute, immerhin wollte ich sie wissen lassen, dass sie rein fachlich schon mein Aufgabengebiet tangierte.

»Ihr habt ein gutes Angebot hier!«, lobte ich. »Davon haben wir früher geträumt – '89, als ich die Wende eingeleitet habe.«

Dieser beiläufig eingestreute Fakt hätte sie natürlich aufhorchen lassen müssen, offensichtlich aber war sie zu jung, um die historische Tragweite dieser Information zu erfassen. 1989 war bestimmt das Jahr gewesen, in dem ihre Eltern Geschlechtsverkehr gehabt hatten. Die aufgeweckte Biene vor mir war wohl die kesse Frucht dieses Vollzuges. Ich freute mich kurz für ihre Eltern, die also dereinst lebendige Sexualität ausgeübt hatten – sie aber saß weiter auf ihrem Hocker, schaute kurz freundlich auf und sortierte irgendwelche Abrechnungen. Nun, mit ein paar spannenden Anekdoten aus erster Hand würde ich ihren geschichtlichen Horizont sicherlich erweitern, dachte ich und berichtete ihr vom Unterdrückungssystem und von der Mangelwirtschaft unter **Honecker** (vgl. Hintergrundinfo).

»Es gab ja damals nichts!«, sagte ich. »Keine halbhohen Pantalons, keine H-Milch, nicht mal Eimer!«

»Echt?«, fragte sie.

»Logisch, es gab ja auch nichts, was man in die Eimer hätte reintun können!«

Das junge Fräulein hatte natürlich keine Ahnung, was früher im Osten wirklich Phase war. Und so erklärte ich ihr, wie die Funktionäre versucht hatten, der chronisch herrschenden Rohstoffknappheit Herr zu werden.

»Das Politbüro gab zum Beispiel die Anweisung, Baumwolle künstlich herzustellen. Ein Baumwollschaf sollte gezüchtet werden. Deswegen wurden einem weiblichen Schaf nur noch Holzspäne zu fressen gegeben. Das Ergebnis ließ allerdings zu wünschen übrig.« Ich machte eine rhetorische Pause.

Erich Honecker

Erich Honecker hatte ein sehr bewegtes Leben. Er war lange Zeit Staatschef in der mittlerweile ehemaligen, damals noch heutigen DDR, konnte aber auch etliche andere Begabungen vorweisen, beispielsweise galt er in Fachkreisen als exzellenter Dachdecker. Seine Gattin Margot bescheinigte ihm, ein guter Ehemann gewesen zu sein, auch als Opa und Jäger wurden ihm passable Fähigkeiten attestiert. Als Verkehrsplaner allerdings war er weniger talentiert, dies stellte er unter anderem mit dem endgültigen Ausbau der Berliner Mauer unter Beweis, der 1961 begonnen hatte. Die Streckenführung dieses Bauwerkes war derart undurchdacht, dass es unter Honeckers Ägide immer wieder zu zahlreichen Unannehmlichkeiten – besonders im Reiseverkehr – kam. Als Staatsmann und Politiker hat Erich sogar komplett versagt. Das hat er mit dem Untergang der DDR eindrucksvoll bewiesen. Die Politiker von heute versagen auch, aber – und darin besteht der Unterschied zu Honecker – sie beweisen es nicht.

»Und?«, fragte sie gespannt.

»Das Schaf bekam fünf Junge. Vier davon hatten ein Holzbein.«

»Und das fünfte?«

»… war ein Specht.«

Sie lachte.

Ich erklärte weiterhin, dass damals auch Protestbedarf, wie ich ihn hier an ihrem Stand vorfand, mühevoll selbst hergestellt werden musste.

»Molotow-Cocktails und Ähnliches gab es bei uns nicht. Ich zum Beispiel habe mir im Frühjahr 1976 aus Gardinenleisten einen spitzen Stock geschnitzt. Und das war schon mega-subversiv!«, sagte ich und zog die Jeans stramm.

»Schuld an der Misere waren natürlich die unfähigen Bonzen, Politapparatschiks und gleichgeschalteten Funktionäre. Außerdem …«

»Ja?«

Ich hielt erschrocken inne. Gerne hätte ich noch weitererzählt, doch mein propperer Zeitplan drängte. Ich gab ihr noch zu verstehen, dass ich am Seminar für Toleranz teilnehmen würde.

»Ah – oben im Zimmer 5!«, sagte sie. »Scheint gut zu laufen, sind bestimmt schon zehn Leute da!«

»Spitze!«, sagte ich und fügte, ohne sie verliebt machen zu wollen, hinterdrein: »Ich hab Beziehungen, ich kann dich in den Saal mit reinbringen!«

Dieses Angebot schlug sie aus, sie müsse auf den Laden aufpassen. Ich spürte: Das war nicht leicht für sie, hier unten hocken zu bleiben mit dem Wissen, dass gleich eine Etage höher die Post abgehen würde. Ich war stolz auf ihre selbstlose Entscheidung. Um so lange wie möglich mit mir zusammen sein zu können, wies sie mir noch den Weg, und mit einem netten »Man sieht sich – garantiert!« verabschiedete ich mich und eilte aufwärts zum Symposium.

orm Diskussionssaal angekommen, sammelte ich mich einen Moment, klopfte kurz und trat ohne falsche Bescheidenheit ein. Auf dem Podium erblickte ich den mir flüchtig bekannten Hartmut F., der als freier Journalist bereits einige meiner Konzerte rezensiert hat und gerade im Begriff war, den nächsten Redner anzukündigen.

Er hielt inne und wollte wohl einige Worte zu meiner Begrüßung sagen, ich jedoch gab ihm mit beschwichtigenden Handbewegungen zu verstehen, dass mir am verbalen roten Teppich nicht gelegen sei – ich würde mich schon selbst ins Rampenlicht zu rücken wissen.

Nachdem ich mich in der Mitte der Stuhlreihen platziert hatte, kündigte F. den nächsten Redner an, worauf sich ein strebermäßig aussehender, vermutlicher Student erhob und verlegen in Richtung Podium ging. Auch ich war noch etwas aufgeregt, denn trotz meiner jahrelangen Erfahrung im freien Sprechen (auch vor Publikum) konnte ich eine gewisse Unsicherheit nicht unterdrücken. Nun begann ich aber, mich mental zu akklimatisieren, und führte zunächst per Sichtprüfung eine Anwesenheitskontrolle durch. Zwölf Leute waren im Auditorium versammelt – mich nicht mal eingerechnet. Auf den ersten Blick registrierte ich einen äußerst hohen Anteil solider Baumwolle und ähnlicher naturnaher Fasern in der Kleidung der Anwesenden. Das beruhigte mich zusehends, da auch das Material meines Pullunders aus der Familie dieser Gewebeformen stammt und ich mich quasi unwillkürlich mit den hier Anwesenden verbrüdert fühlte. Ich schaute mir die Runde genauer an: Zwei alternativ wirkende Frauen um die 40 mit einem zirka fünfjährigen Kind, ein junges Pärchen, das sich Notizen machte, eine lose Gruppe und zwei getrennt sitzende Rentner.

»Keine Presse da«, konstatierte ich gerade bedauernd, als ich links neben dem Podium einen gelangweilten Typ mit Kamera sitzen sah.

Zweite Garnitur, dachte ich, aber immerhin.

Peinlich berührt wandte ich mich wieder dem Podium zu, wo der Redner sich anschickte, mit seinem Vortrag zu beginnen. Was seinen sozialen Background betraf, hatte ich mal wieder richtig gelegen, denn er stellte sich als Psychologiestudent im dritten Semester vor.

»Mein Thema«, begann er, nachdem er umständlich seine lose Zettelsammlung geordnet hatte, »ist das Symptom der elliptischen Psychochondrie mit einhergehender aproportionaler Indulgenz als Ursache für Laktoseintoleranz.« Beifallheischend blickte der Streber in die Runde, doch außer einem verlegenen Hüsteln war nichts zu vernehmen.

Nun denn, Freundchen, dachte ich und beugte mich ein wenig vor, interessante Thematik, wollen doch mal sehen, was du so droben hast.

»Ich habe«, fuhr er fort, »mehrere unter diesem Symptom leidende Patienten einer intensiven psychohygienischen Anamnese unterzogen und bin zu dem Schluss gekommen, dass alle somatischen und paraphysischen Irritationen auf subneurodentologischer Ebene identisch sind. Ich folgere, dass der elementare Baustein der Wahrnehmung des Individuums weder in neuronal-reflektorischer noch in feinstofflich-ätherischer Dimension zu suchen ist, wobei der physiodynamische Prozess fehlgeleiteter Energie, der im schlimmsten Fall in pathogener disfunktionaler Spasmose mündet, nicht negiert werden darf. Onkoklastische, nuklearmedizinische Forschungen auf stryxolytischer Basis offenbaren, dass der Moribundierende im lethalen Stadium skrotumdehnende hyperzirkulare, das heißt chlamydische endodermatische zysostringente Aversien entwickelt, welche paragenetische Impulse der subzellularen Zerebralrinde am inneren Smegmarand hervorrufen.«

Mochte sein, dass er in vielen Belangen recht hatte, doch mit keinem Wort ging er auf die Fragen ein, die beispielsweise zeptophrygische Dissonanzen in plasmatheogenen Bereichen unserer körperenkaustischen spalurgmythischen Eptophragie aufwerfen.

Anfänger, dachte ich und unterdrückte ein Gähnen.

»Ist extokrene Hontionage das Allheilrezept?«, monophonte er weiter und beantwortete seine Frage selbst, indem er behauptete, dass spontoloser Mürglglunz eine teilaseptische inkonotherapeutische Hinwendung zum Gesamtspranz erfordere. Ich unterließ es, darauf hinzuweisen, dass die heterotrophe obstipathule Öthase allein zu einer Retroinkavulsion der Gesamtheit führen würde.

»Soll nun aber krytoklastable glotophobe Xyomose lozotabile Exkremente flambieren?«, rief er, allmählich panisch werdend, denn Langeweile machte sich im Auditorium breit. »Drasül gesehen ja! Aber trahydische Studien verweisen auf suralgene Tendenzen! Insofern rappelt die Schmolluge oktotrüffel!«

Die Aufmerksamkeit des Publikums entglitt ihm zusehends. Besonders das Kind schien nur die Hälfte zu verstehen und verlangte quengelnd nach einem Eis.

»Ist Intoleranz die apotheotische Ultima Ratio der seelisch wunden Zwirbeldrüse? SOS des Hippothalamus? Das Lapus dermum als metro Manga?«, versuchte er ein letztes

Mal, das Ruder herumzureißen. »In omnihydrogenen Bereichen mögen Akkzelerationen der transrudimentären Endorphinsubstration als gegeben hingenommen werden, im gesellschaftlich vorherrschenden Normalfall aber darf solches bezweifelt werden! Ich danke Ihnen.«

»Thema verfehlt – sechs, setzen!«, sagte ich murmelnd, »das ging ja nicht einmal nach hinten los.« Tja, mein überstudiertes Bürschlein, dachte ich, in der eigenen Jurte sitzen und Gehirndisko veranstalten kann jeder, aber um mit dem geistigen Ejakulat die Menschen auch dort abzuholen, wo sie hinwollen, muss man aus anderem Holz gelötet sein.

Mit einem lauen Applaus wurde er wieder auf seinen Platz geschickt.

Nun, nachdem die Referate der angemeldeten Gastredner beendet waren, wollte Hartmut F. zur offenen Podiumsdiskussion überleiten, da plötzlich ging die Türe auf, und wer trat ein? Das Fräulein B.! – die Leiterin des Begegnungszentrums, die fleischgewordene Ignoranz im Hosenrock, die willfährige Schergin der Bürokratie, frisch frisiert und freundlich lächelnd!

Das war das Signal für mich, den Dackel in den Ring zu werfen, die Kastanien von der Leine zu lassen.

»So schnell kachelt Kevin nicht den Hobbykeller!«, rief ich laut dazwischen und begab mich in Richtung Mikrophon. »Ich hab da mal was vorbereitet!« Dabei hielt ich stolz mein Skript in die Neonbeleuchtung. Ich passierte den Fotografen, der scheinbar nicht gewillt war, diesen Moment für die Nachwelt festzuhalten. Hartnäckig aber blieb ich stehen und formte mit den Fingern das Victory-Zeichen – so ließ ich ihm keine Wahl: Er musste mich knipsen.

Tja, so geht man mit der Presse um!, dachte ich und warf

meinem streberhaften Vorredner einen triumphierenden Blick zu. Ich stand nun am Podium und sah wohlwollend prüfend in die Runde.

»Das ist doch der Schubert, oder?«, hörte ich das junge Pärchen anerkennend tuscheln. Yes, I am, dachte ich gleich mal auf Englisch und nun war es an mir, diese Vorschusslorbeeren zu einem Siegerkranz zu flechten. Meine Aufregung hatte sich gelegt und war einer konzentrierten Lockerheit gewichen.

Ich eröffnete meine Ausführungen mit allgemeinen Ansichten zum Thema Toleranz, geschickt vermischte ich Geschichtliches mit Persönlichem, Allgemeingültiges mit Privatem. Schon nach wenigen Sätzen herrschte eine völlig andere Aufmerksamkeit im Raum als vorher. Gespannt, ja fast steif saß das Publikum in den Stühlen, Fräulein B. schaute zu Boden, und man sah ihr deutlich an: Ihr war es peinlich, mir nicht die Führung dieses Gesprächskreises anvertraut zu haben, der Ärger über diese verpasste Chance stand ihr deutlich ins Gesicht geschrieben.

Nach zehn Minuten war meine Einleitung beendet. Als daraufhin Hartmut F. auf die Uhr zeigte, um mir mitzuteilen, meine Redezeit sei beendet und es solle nun diskutiert werden, schleuderte ich ihm eine Verbalkartätsche entgegen: »Heut geht es hier um Toleranz! Und das Mindeste, was man an Toleranz verlangen kann, ist ja wohl, dass ich ausreden darf!«

Mit dem unaufgesetzten Gestus dessen, der den Erfolg des Öfteren an seiner Seite weiß, schaute ich auf meine Zuhörer. Mit diesem rhetorischen Steilpass hatte ich Hartmut F. per Handstreich ins Abseits gestellt! Das Spielfeld gehörte nun mir allein, und in aller Ruhe konnte ich jetzt meinen Neun-Punkte-Plan in die Arena werfen.

Aber sollte ich damit einfach aus dem Nichts beginnen und Punkt für Punkt stumpf abarbeiten? Nein, danach stand mir nicht der Sinn. Mein Trachten und Streben war von jeher anderer Natur. Ich möchte die Menschen begeistern und mitreißen, weshalb ich unversehens an der Stimmungskurbel drehte.

»Hallo Leute, ich habe einen Punkteplan vorbereitet«, rief ich, »was schätzt ihr, aus wie vielen Punkten er besteht?«

Wer schon einmal an einem afroamerikanischen Gottesdienst teilgenommen hat, wird wissen, worauf ich hinaus wollte. Ähnlich, wie die schwarzen Prediger ihre Gläubigen mit rhythmischen Frage-Antwort-Sentenzen aufputschen und in Ekstase versetzen, wollte auch ich mein Publikum elektrisieren. Was bei den in sengender Sonne hart auf dem Süßkartoffelfeld arbeitenden Menschen funktionierte, sollte hier, unter hellem Neonlicht, wo die meisten ausgeruht von zu Hause kamen, wohl allemal möglich sein!

Leicht synkopisiert, im Stile eines Gospelsängers wiederholte ich deshalb meine Frage: »WAAS DENKT IHR, LEUTE? AUS WIE VIEEEEELEN PUNKTEN BESTEHT MEIN PLAAHAAAHAAAN?«*

Ich lauschte dem Nachhall meiner Stimme, ließ eine kurze Pause folgen und fragte erneut in die Runde.

»Vier?«, tönte es verhalten aus einer Ecke, ein anderer tippte auf zirka sechs.

»NEIEIEIEN! ES SIND WEHESEHTLICH MEHEHEEER!«, goss ich Öl ins Getriebe. Das sicherlich wenige, aber zweifelsfrei vorhandene schwarze Blut meines Opas Clint wallte in mir auf, ich erhob die Stimme:

»WIEEE VIIIIEEEEELE?«

»Zehn!«, rief jemand, wenig später hörte ich ein etwas übermotiviertes »Vierunddreißig!«

»MAAAN MUSS JA NICHT GLEICH ÜHÜHÜHÜBER-

---

* Mit dieser lautmalerischen Schreibweise versuche ich anzudeuten, wie ich in Soulmanier die Vokale dehnte.

TREIBEN!«, gospelte ich zurück, aber nun war klar: Ich hatte ihre Schale geknackt.

»ES SIND SAAAAGE UND SCHREIBE« – ich machte erneut eine kurze Pause, die Spannung schien sich ins Unerträgliche zu steigern – »NEUN!«

Zaghafter, aber spontaner Applaus setzte ein. Die Vorbereitungen waren damit abgeschlossen. Jetzt herrschte die Atmosphäre, die ich brauchte, und so begann ich, geistig gesammelt und mir der Größe des Augenblicks durchaus bewusst, mein impulsgebendes Eckpunktepapier darzulegen. Gleich mein erster Schwerpunkt setzte Maßstäbe:

Themenpunkt 1: Wirtschaft
Sämtliche Voraussagen führender Prognostologen und Wirtschaftsverbände deuten darauf hin: Das Wirtschaftswachstum wächst nicht mehr, sondern es kommt zu stagnierendem Schrumpfschwund. Es ist nicht nur so, dass weniger hergestellt wird, sondern das wenige geht auch noch immer öfter kaputt! Der momentan kursierende Bazillus der Hysterie*, von welchem sich mittlerweile die gesamte Weltwirtschaft infizieren ließ, erweist sich als resistent gegen staatliche Finanzspritzen. Dies war zu erwarten, und deshalb besteht kein Grund zur Unruhe. Die Wirtschaft schrumpft zwar, was im Klartext meint: Es werden weniger Waren und Güter hergestellt, gleichzeitig geht durch Kurzarbeit und sinkende Löhne auch die Kaufkraft der Bevölkerung zurück. Wenn also Angebot und Nachfrage synchron harmonisch abflauen, ist es wirtschaftswissenschaftliches Teebeutelgequetsche, von einer Krise zu sprechen. Das wäre

---

* Für Leser kommender Generationen sei hier erklärt, dass Anfang des dritten Jahrtausends eine durch Bankenspekulationen ausgelöste Wirtschaftskrise grassierte, die durch eine Abwrackprämie für Altautos noch verschärft wurde.

nur der Fall, wenn durch steigende Einkommen die Nachfrage der Verbraucher zunähme, diese aber nicht befriedigt
werden könnte, da sich nur unzureichende Mengen produ-
zierter Ware im Angebot befänden. Oder eben andersrum:
zu viel Ware, zu wenig Geld. So wird dieser vermeintliche
Kollaps von den Machthabern nur genutzt, um von den
realen Problemen abzulenken, die ich im Folgenden auf die
Anklagebank stelle.

Diese verkündeten Bekenntnisse mögen in Schriftform etwas
beamtlichen und nüchternen Charakters erscheinen, jedoch
wurden sie durch die sprudelnde Vitalität meines Referats
zum Leben erweckt. Bestimmte Punkte unterstrich ich mit
großen Gesten oder kleinen mimischen Anspielungen, als
ich nun zum zweiten Punkt meines Maßnahmenkatalogs
voranschritt.

Themenpunkt 2: Politik
Das vorherrschende Machtgefüge muss verändert werden.
Der aufgeblähte Regierungs- und Behördenapparat ist ein
bewegungsunfähiger Blumbatsch, ein Wackelpudding, ein
Sitzriese! Auch das Parteiensystem ist unzeitgemäß. Die
heutigen Parteien sind prähistorische Mastodone. Sie entstanden vor hundert Jahren, als man noch mit der Pfer-
dekutsche in die Autowerkstatt fuhr. Um diese Strukturen
zu erneuern, bedarf es einer entsottenden Dekrustisierung!
Nur so kann die Stagnation rückhaltlos überwunden werden. Deshalb fordere ich die Errichtung einer Demokratie
der Vernunft! Ein vernünftiger Zentraldemokrat, beraten
von einem Stab vernünftiger Beisitzer fällt vernünftige
Entscheidungen zum Wohle aller. Die Kader, welche für
diese Funktionen zu finden sind, könnten durch unbüro-
kratische Akte wie Stöckchenziehen (natürlich unter Auf-
sicht internationaler Stöckchenziehbeobachter der OSZE)

ermittelt werden. Da ich beim zu gründenden Berater-
gremium wohl oder übel als Personalie zur Debatte stehen
werde, gebe ich schon jetzt bekannt, dass als Sitzungszeit
für die Beraterkonferenz für mich nur Montag (12.00–
15.00 Uhr) Mittwoch (15.00–17.45 Uhr) und Donnerstag
(ab circa 18.00 Uhr nach der Probe) in Frage kommen.
Oder eben nach Absprache.

Der nun folgende Punkt lag mir natürlich besonders am
Herzen, hier legte ich unter anderem meine Ansichten zur
Toleranz dar, die ich an dieser Stelle nicht im Einzelnen
wiedergeben werde – ich habe zu diesem Thema im Laufe
dieses Buches genug gesagt. Deswegen hier nur ein kurzer
Ausschnitt:

Themenpunkt 3: Religion und friedliche Koexistenz
ethnischer Gruppen
Noch immer gibt es Konflikte und Diskriminierung auf
unserer Welt. Zwischen den unterschiedlichen Ethnien
schlummert der Keil der Angst und des Missverständnisses.
Dieser Zustand kann überwunden werden, indem man die
Erde samt Ressourcen und Wetter miteinander teilt. Ich
hege die Vision, dass sich die Unterschiede abtragen, bis
eines Tages schwarze und weiße Menschen wie selbstver-
ständlich miteinander leben – friedlich vereint zu grauen
Menschen!

Allmählich öffnete ich mich und verließ den abgesicherten
Modus, hinter dem sich der Gewöhnliche verschanzt – gleich
einer aufgeschnittenen Frucht präsentierte ich mich meinem
Auditorium. Hätte ich doch meine Gitarre mitgenommen,
ging es mir kurz durch den Kopf, die eine oder andere geschickt eingeflochtene Harmonie wäre der gestalterische
Sahnehaub gewesen! Egal, statt in die Saiten der Klampfe

griff ich in die Seiten meines Manuskripts und spielte damit Luftgitarre. Ich erhöhte also nochmals die Schlagzahl!

Themenpunkt 4: Verkehr

Der drohende Verkehrskollaps muss abgewendet werden! Dazu ist ein grundlegendes Umdenken der verantwortlichen Verkehrsplaner notwendig. Wenn man die Situation betrachtet, ist festzustellen, dass es erhebliche Diskrepanzen gibt: einerseits extrem stark – andererseits nur schwach befahrene Straßen. Oft führen Straßen in entlegene Regionen, wo gar keiner hin will. Das darf nicht sein! Durch intensive Beobachtung muss deshalb herausgefunden werden: Wo fahren die meisten Autos lang? Dort muss dann eine Straße gebaut werden, denn dort herrscht Bedarf! Die heute noch üblichen langen Bauzeiten müssen durch neue Technologien verkürzt werden. Rollbeton wäre hier eine geeignete Alternative. Dieser elastische Baustoff kann ähnlich wie Rollrasen einfach und unkompliziert auf besenreinem Untergrund ausgebracht und im Erdreich verschraubt werden.

Auch das Verkehrsrecht muss vereinfacht werden! Wir ersticken in einem Wust unverständlicher Verordnungen. Dieser Paragraphendschungel muss gerodet werden, und so fordere ich die Einführung von drei Zentralparagraphen:

Erstens: Links hat Vorfahrt.

Zweitens: Rechts auch.

Drittens: Unfälle sind ab sofort verboten.

Auch das Flensburger Punktesystem bedarf einer dringenden Überarbeitung! Heutzutage hat man die Möglichkeit, durch geschicktes Manövrieren im Straßenverkehr möglichst viele Punkte zu sammeln, die man bei der Stiftung Idiotentest gegen lustige Fragebögen einlösen kann. Dies finde ich ungerecht und fordere an dieser Stelle ein Verkehrszentralregister auch für Zugreisende, Fußgänger, Schattenparker, Schwimmer, Kanuten und Fallschirmspringer!

Weiterhin sind den Spritverbrauch senkende Maßnahmen einzuleiten. Ich schlage dazu vor, die Hälfte der Tankstellen in Deutschland zu schließen, was automatisch eine Senkung des Benzinverbrauchs um 50 % zur Folge hätte.
Ein Großteil des Transportaufkommens kann auch auf die Schiene umgeleitet werden – vor allem der Zugverkehr.

Diesen Teil meines Vortrages illustrierte ich durch das Einflechten diverser akustischer Lautmalereien wie ein gelegentliches »Brrrrrmmmm!« oder »Jäng jäng!« Auch das eine oder andere Bremsgeräusch wertete den Themenschwerpunkt Verkehr erheblich auf. Diesem so mit dramaturgischer Finesse gespickten Referat konnte sich keiner der Anwesenden mehr entziehen!

Themenpunkt 5: Rohstoffknappheit
Der Rohstoffknäppe ist mit völlig neuen Konzepten zu begegnen. Einerseits kann der Rohstoffverschwendung durch sinnvolle Sparmaßnahmen Einhalt geboten werden, auf anderer Seite ist die Forschung gefragt! Seit Jahren fordere ich von den Wissenschaftlern, endlich nachwachsende Rohstoffe zu züchten, zum Beispiel gehacktes Holz, dann müssten wesentlich weniger Bäume gefällt werden.
Auf der Suche nach alternativen Energien müssen alte Denkstrukturen und Tabus gebrochen werden. Zum Beispiel wären progressive Rohstoffe wie die im All in großer Menge vorkommende Dunkle Materie mannigfaltig einsetzbar, unter anderem bei der Herstellung von Kohle.
Meine Innovationen zum Thema Mond- und Windkraft habe ich schon an anderer Stelle dargelegt, weshalb ich hier von ausführlichen Erläuterungen zu diesem Thema Abstand nehme. * *Das Verbot von elektrischen Glühbirnen, welches*

---

* Das spart wertvolles Papier!

sukzessive in der europäischen Union eingeführt wird, ist ein Schritt in die richtige Richtung, geht aber nicht weit genug. Warum gibt es kein allgemeines Pfand auf Licht? In staatlich subventionierten Altlichtannahmestellen könnte dieser wertvolle Rohstoff zu neuer Helligkeit recycelt werden und als Rücklicht wieder in den Verwertungskreis eingeführt werden!

Ich redete mich in einen orgiastischen Rausch, geschickt baute ich immer wieder Geräusche ein und dekorierte meinen Vortrag hier mit einem bedrohlichen Knurren und dort mit einem friedlichen Zirpen. Ich wurde nun eins mit dem Publikum, zu zweit wurden wir drei mit dem Kosmos. Es gab für mich kein trennendes Ich und Du mehr, und als ich nun fortfuhr, wurden meine Ideen greifbare Materie!

Themenpunkt 6: Internet und Kommunikation
Das Internet ist zur wichtigsten Kommunikationsplattform unserer Zeit geworden. Besitzer eines Computers werden wissen, wovon ich rede.
Auch wenn ich der zunehmend um sich greifenden Vervirtualisierung der menschlichen Wahrnehmungsreize durchaus skeptisch gegenüberstehe, darf die Freiheit im Netz nicht beschnitten werden! Wichtig ist aber eine klare Abgrenzung zwischen virtueller Welt und Wirklichkeit. Gerade Jugendliche können hier oft nicht mehr differenzieren. Deshalb fordere ich: »Der Space muss cyber bleiben!«
Überhaupt bedarf es im Netz effektiver Jugendschutzmaßnahmen, um die Heranwachsenden von negativen Inhalten wie Ferkelei oder Schmutzfinkgebahren fernzuhalten. Ich plädiere an dieser Stelle dafür, das gesamte Internet in der Zeit, in welcher sich Kinder und Jugendliche nach der Schule vorwiegend daheim aufhalten – also ab 13 Uhr – zentral zu schließen. Ab 19 Uhr, also nach dem Abendbrot,

wenn alle im Bett sind, kann das Internet dann wieder ans Netz gehen.

Mein anderer Vorschlag, zwei- oder gar noch mehrdeutigere Internetseiten mit einem Verbotsschild (z. B. »Stopp«) kenntlich zu machen, wurde mittlerweile sogar von führenden Politikern geadelt, indem sie meine Ideen in legislative Verordnungen münden lassen wollen. Ein Signal, das Hoffnung nährt!

Um auch den jüngsten Zuhörer – unseren kleinen Heiko, wie ich ihn mittlerweile nannte – zu entflammen, blies ich gelegentlich die Backen auf, schnitt eine entlarvende Grimasse oder implantierte andererlei kleine Faxereien in meine Rede. Der kleine Schelm dankte es mir, indem er begeistert in die Hände schlug und sich vor Freude schüttelte. Was interessierte es mich da, dass seine Mutter vergnatzt dreinschaute? Sicherlich war sie eifersüchtig, doch was ging's mich an, dass sie mit ihrem Sprössling nicht umgehen konnte? Man muss Kinder eben für voll nehmen!

Themenpunkt 7: Finanzen und Soziales
Von gewissen politischen Kräften und Institutionen wird immer wieder die Einführung eines allgemeinen Grundeinkommens für jeden Bürger gefordert. An diesem vermeintlich sozialen Verlangen erkennt man, wie kleingeistig und schmalbrüstig in den Büros, Tagungshallen und Trinkstuben dieser Verbände gedacht wird!

Wozu ein Mindesteinkommen? Es würde keines der Probleme lösen! Deshalb stelle ich die mehr als berechtigte Frage: Warum gibt es nicht für jeden Bürger automatisch ein Höchsteinkommen? So etwas kostet natürlich Geld, aber ist dies der soziale Friede im Land nicht wert? Die fehlenden finanziellen Mittel könnten durch eine Verstaatlichung der Banken (zum Beispiel durch die Schaffung eines Com-

merzbankkombinates und eines VEB Allianz) bereitgestellt werden. Überhaupt ist der Gefahr drohender Inflationen durch Komplettabschaffung des Geldes konsequent entgegenzutreten, hier wären bargeldloser Zahlungsverkehr wie Online-banking, Zahlung per Geldkarte oder Ladendiebstahl sinnvolle Alternativen.

Die Klüfte zwischen Arm und Reich sind zu entklaffen, indem der Kampf gegen Antikorruption weiter vorangetrieben wird. Korruption muss gerechter werden! Nicht nur die Führungseliten wie Manager und leitende Angestellte dürfen in den Genuss einer ertragsreichen Korrumpierbarkeit gelangen, vielmehr sollten alle Schichten der Bevölkerung daran partizipieren! Wenn vor allem Arme die Chance erhalten würden, sich zu bereichern, wäre ein weiterer großer Schritt zur Bekämpfung der Armut getan!

Die Inhalte meines Vortrages bestanden längst nicht mehr aus niedlichen Tipps oder Hinweisen – nein! Es wurden Forderungen, Gebote, Schubertsche Manifeste! Gerne hätte ich wie Luther meine Thesen an einen Wartburg geschlagen, aber leider stand keiner in Sichtweite. Ich überwand letzte Schranken und wurde global.

Themenpunkt 8: Europa

Hier stelle ich nur eine Frage: Hat denn der paneuropäische Gedanke die Deutschen schon transzendiert, oder ist das Vakuum in den europäischen Köpfen doch nur eine Luftblase? Aber halt! Ich stelle doch lieber noch eine zweite Frage: Europa gestalten – wie geht das? Ich kann ja nicht nach Albanien fahren und dort eine Hecke verschneiden! Viele sind ja schon im eigenen Garten überfordert. Als rein symbolischen Akt habe ich im Herbst 2001 bei mir im Garten einen Euro gepflanzt, ein paar Cent treiben schon aus. Wichtig ist, dass es uns gelingt, die Menschen auf die Arche

*Europa einzuladen. Erst wenn dies geschehen ist, können
wir Kurs auf andere Kontinente nehmen!
PS: Die europäischste Region in Europa ist für mich übrigens die Gegend um Omsk!*

An dieser Stelle versuchte F., meinen Redefluss zu unterbrechen. Dieses Ansinnen konterte ich mit einem Lehrsatz meines Bassisten, Herrn Stephan: »Wenn der Kuchen spricht,
haben die Krümel Pause!«, schleuderte ich dem Ruchlosen
entgegen. Kleinlaut ob des ihm nun bewusst gewordenen
Übermuts versank F. förmlich in seinem unergonomen Sitz-
möbel. Durch die plötzliche Erinnerung an Herrn Stephan
wurde mir allerdings gewahr, dass ich nun zum Schluss zu
kommen hatte. 17 Uhr war Treff am Proberaum, von dort
sollte es zum Konzert gehen. Das kam mir zupass, denn
immer schneller, immer intensiver hatte ich meine Botschaft
deklamiert. Ich personifizierte die Dualität der Erweckung,
ich war das Donnergrollen vom Himmel und das Rumoren
in der Erde! Ich war das brennende Feuer und die lauwar-
me Dusche, ich war Yin und Yang! Ping und Pong! King
und Kong! Schubert und Olaf! Dass manche meinem Tempo nicht mehr folgen konnten, wurde mir einerlei. Schluss
mit Klein-Klein und Kompromissen! Schluss mit punktuel-
len Nadelstichen! Mein Florett wurde zum Schwert, mein
Skalpell zur Axt, meine Stimme zum Chor, zur Posaune von
Jericho, welche die Mauern in den Köpfen zum Einsturz
bringt, als ich zum finalen Hymnus ansetzte, um den Sack
endgültig hinter die Binde zu gießen.

Themenpunkt 9: Individualisten
*Die Geschicke unserer Welt wurden seit jeher von her-
ausragenden Charakteren triebkräftig beeinflusst. Immer
wieder haben außergewöhnliche Querdenker durch epo-
chemachende Ideen Zündstoff an die Lunte des Stillstands*

gelegt. Diese besonderen Persönlichkeiten waren jedoch abseits ihrer großen Taten stets eigenbrötlerische Individualisten. Heute aber ziehen sich die Individualisten mehr und mehr zurück, absentieren sich von der Gesamtheit der Gesellschaft und bringen ihre persönlichen Pinguine ins Trockene! Deshalb mein eindringlicher Appell: Individualisten aller Länder, vereinigt euch! Schließt euch zusammen! Stellt euch eure vereinzelten Kräfte potenziert vor, welche Dynamik wäre erreicht! Scheut nicht die Menschen! Auch ich bin Einzelgänger und trotzdem den ganzen Tag mit Leuten unterwegs. Wir können uns ja alle erst mal alleine treffen!

»Wenn wir alle gemeinsam an einem Strang ziehen, ist der Strang hoffentlich bald ab!«, rief ich mit Inbrunst, klopfte dabei aufs Rednerpult und läutete somit den Schluss ein. Nicht nur inhaltlich war ich am Ziel, auch konditionell hatte ich mich verausgabt. »Also, vorausgesetzt, es ist ein böser Strang – gute Stränge müssen natürlich halten! Da dürfen wir nicht dran ziehen, oder jedenfalls nicht so doll, dann vielleicht doch lieber einzeln! Mal sehen! Das können wir ja noch absprechen. Ich möchte die Atmo jetzt nicht mit Details zerreden. Vielen Dank.«
Ich war am Ende meiner Rede angelangt und trabte im lockeren Gespräch zur Siegerehrung.
»Hiermit erkläre ich euch zur stellvertretenden Weltöffentlichkeit. Mit euren Ohren hörtet ihr für die gesamte Menschheit! Jetzt ist die Wahrheit am Licht und keiner der Herrschenden kann nun noch behaupten: ›Ich habe von Nichts gewusst!‹«

Alles war gesagt – der Rest war Schweigen. Im Saal natürlich nicht, denn etliche der Anwesenden klatschten. Die Welle war übergeschwappt!

Die Begeisterung im Zweierblock der Älteren hielt sich in Grenzen, doch das jugendliche Pärchen applaudierte mit leuchtenden Augen. Das war mir wichtig, denn gerade diejenigen, denen die Zukunft wie eine reife Frucht im Schoß liegt, wollte ich motivieren. Wenn sie an mich glaubten, würde ich von selbst zur Speerspitze kommender Kommandos werden. Der Staffelstab war übergeben.

Die nachfolgende Podiumsdiskussion würde ohne mich stattfinden müssen. Ich hatte den großen Acker gepflügt, sollten die geistigen Kleingärtner und Torfstecher nun in ihren Handtuchbeeten nach Erkenntnis stoppeln!

Kurz und tief sog ich noch einmal diesen Moment in mich ein. Ohne zu warten, bis der Applaus abschwoll, verließ ich zielstrebig den Raum. Im Gehen verschenkte ich noch Teile des Originalmanuskripts an die Umsitzenden, ich pfiff darauf, dass es sich dabei um mein geistiges Eigentum handelte, denn bald würde es sowieso zum gedanklichen Allgemeingut werden. Mit dem erhabenen Gefühl, Bedeutendes geleistet zu haben, trat ich alsbald in die Pedale und erreichte mit angemessener Verspätung unseren Proberaum. Die Kollegen warteten schon einstiegsbereit und wir fuhren zum Konzert.

Was soll ich jetzt, nach dieser fulminanten Gala noch groß schreiben? Der abendliche Auftritt war für mich im Großen und Ganzen nur noch souverän abgespulte Routine, da der heutige Tag mit meiner nachmittäglichen Brandrede bereits über den Rubikon geschritten war. Trotzdem wurde er zu einem ganz normalen Erfolg, den ich hier aber nicht mehr in Einzelheiten schildern mag. Für die Statistiker, die es ja immer ganz genau wissen möchten, noch ein paar Facts:

Es war beinah fast ausverkauft, besonders auf den vorderen Plätzen, wir spielten Auszüge aus unserem Programm »Ich bereue nichts!«. Die Auftrittsdauer betrug zwei Stunden, elf Minuten plus Pause. Die Höhe unseres Verdienstes gebe ich aufgrund des zu hütenden Gagengeheimnisses nur geschwärzt wieder: ███████████ Euro. Für die besonders Wissbegierigen hier noch die Setlist:

Der Spieler (Lied)
Ich bereue nichts! (Losgeher)
Elektrizität (mit Funkelementen)
Holger ist behindert! (Ballade)
Erotika (Calypso)
6 Milliarden (Hymnus)
Zeit für Rebellen (Erweckungsshuffle)

Rasch packten wir nach dem Konzert die Instrumente und fuhren heim. Das Autoradio dudelte vor sich hin, Jochen und Herr Stephan sprachen noch so über dies und das. Eines aber ließ mich nochmals aufhorchen: Herr Stephan berichtete, dass kürzlich der komplette Hauptbahnhof wegen Bombenalarms evakuiert werden musste. Mitten in der Halle hatte ein verdächtiger grauer Koffer gestanden.
NILS B.!, schoss es mir sofort durch den Kopf.
»Und? War was Gefährliches drinnen?«, fragte ich gespannt.
»Nee, war blinder Alarm, nur Klamotten und so!«
Das wunderte mich nicht. Die Verfolgungsjagd, welche mich noch kürzlich quer durch die gesamte Stadt geführt hatte, fand nun doch noch eine späte Rechtfertigung! Hätte ich jenen Nils B. mit meinen Nachforschungen nicht so massiv unter Druck gesetzt, wäre der bewusste Koffer vom Bahnhof garantiert nicht nur mit harmloser Kleidung gefüllt gewesen! Mein Gefühl hatte mich also doch nicht getäuscht, im Gegenteil: Schlimmstes hatte ich verhütet.
Still und freudig verschloss ich diesen Erfolg in meinem

Herzen, verträumt ließ ich mich gen Heimat chauffieren, als mich die Nachrichten im Radio abermals aufmerken ließen: Eine slowenische EU-Kommissarin hatte die Atomwaffentests in Nordkorea verurteilt! Dies musste Folge meines intensiven Ächtens sein! Und während ich über diese frohe Kunde nachdachte, waren wir auch schon am Proberaum angekommen.

Nun hieß es nur noch, für den nächsten Tag einen Probentermin festzulegen (dieser schien mir zwingend notwendig, da Jochen bei einem Song rhythmische Unsicherheiten gezeigt hatte). Und nachdem auch dies erledigt war, stieg ich letztmals diesen Tags auf meinen treuen Drahtesel und radelte hauswärts.

Erschöpft von meinem Tagespensum verrichtete ich die abendliche Toilette und verbrachte mich bar jedweden Umschwiffs in die Schlafstellung.

Ich gewährte dem heute Geschehenen andächtig Reminiszens und schlief – noch bevor ich beginnen konnte, die Rhomben meines Pullunders zu zählen – alsbald glücklichst ein.

Schon nach wenigen Sekunden betrat Nils B. in gewohnt unverdächtiger Manier das Traumszenario. In der Hand seinen Koffer haltend, schlenderte er quer durch meinen Gesichtskreis. Als er bemerkte, dass ich ihn erkannt hatte, versuchte er, sich heimlich zu verdrücken.

Nicht mit mir! Erneut nahm ich die Verfolgung auf. Womöglich stand der Moment, indem das Böse eruptiv aus ihm zu speien gedachte, unmittelbar bevor – nur einer wie ich würde dann noch den Krater geschlossen halten können.

Auch wenn ich mir den Feierabend mehr als schon verdient hatte: Dieser Tag war noch lange nicht zu Ende!

allo Leser,

hier bin ich wieder, denn wie versprochen wollte ich mich am Ende des Buches ja noch mal melden. Ich hoffe sehr, dass es Deinen Horizont erweitert, Deine Sinne geschärft – also insgesamt Dein Leben bereichert hat, an meinem spannenden Alltag teilhaben zu dürfen.

Du wirst bestätigen können: So viel Aufregendes, wie ich an einem Tag erlebe, wird anderen nicht mal an einem halben zuteil. Sicherlich bist Du jetzt überwältigt von der Summe der Eindrücke, die im Laufe des Buches auf Dich niederkamen, und verspürst Lust, gleich noch mal von vorne mit dem Lesen zu beginnen. Davon rate ich Dir aber ab! Um vielmehr die Reife und Entwicklung, die Du durch die Verinnerlichung meiner Schrift erlangtest, auch nachvollziehbar messen zu können, solltest Du zuerst den folgenden Fragebogen durcharbeiten. (Da Du momentan sicherlich keinen Stift parat hast, hab ich ihn schon mal in Deinem Sinne ausgefüllt, so dass Du Dich ganz auf das Empfinden der Freude über dieses optimale Ergebnis konzentrieren kannst. Dazu bitte ich Dich jetzt umzublättern.)

1. *Hat sich Deine Persönlichkeit während des Lesens zum Positiven verändert?*
☒ *Ja*   ☐ *Nein*   ☐ *Vielleicht*

2. *Hast Du das Gefühl, dass Deine kognitive Leistungsfähigkeit zugenommen hat?*
☒ *Ja*   ☐ *Nein*   ☐ *Vielleicht*

3. *Bist Du der Meinung, zukünftig in emotionalen Stresssituationen wie Beziehungsstreit, Familiengeburtstag, Weltkrieg oder Fahrprüfung souveräner reagieren zu können?*
☒ *Ja*   ☐ *Nein*   ☐ *Vielleicht*

4. *Stehst Du allgemeinen Problemen wie Homosexualität oder Heterosexualität nun toleranter gegenüber?*
☒ *Ja*   ☐ *Nein*   ☐ *Vielleicht*

5. *Hast Du das Gefühl, dass die geistige Bereicherung sich auch in Deinem körperlichen Wohlbefinden niederschlägt?*
☒ *Ja*   ☐ *Nein*   ☐ *Vielleicht*

6. *Hat das Lesen bei Dir verkrustete Denkblockaden gelöst?*
☒ *Ja*   ☐ *Nein*   ☐ *Vielleicht*

7. *Auch unverkrustete?*
☒ *Ja*   ☐ *Nein*   ☐ *Vielleicht*

8. *Welches ist Dein Lieblingshund?*
☐ *Pudel*   ☐ *Dackel*   ☐ *Giraffe*   ☒ *Vielleicht*

Na bitte, war doch gar nicht schwer!

Für Dein weiteres Leben ist es nun wichtig, im Freundes-, Verwandten- und Kollegenkreis nicht unnötig mit dem neu erlangten Wissen zu prahlen. Du wirst erleben, dass man Dich auf die eine oder andere treffende Anmerkung, die Du nun einzustreuen in der Lage bist, ansprechen wird. Reagiere bitte nicht herablassend oder besserwisserisch, wenn man Dich ausfragt, woher Du dieses oder jenes weißt, sondern vielmehr mit Verständnis jenen gegenüber, die bisher noch nicht vom Brunnen meiner Erfahrung tranken. Reiche ihnen symbolisch die Hand zum Schulterschluss und lege ihnen die Lektüre dieses – meines Buches – nahe. Aber versuche nicht, mit Vehemenz oder gar Härte zu überzeugen! Nein – wenn die Blüte des Lichtes gewahr wird, öffnet sie sich von alleine. Natürlich wird nicht jeder sich erhellen lassen mögen, denn wie Meister Eckehart schon schrieb, *ist diese Kunde nur jenen zugedacht, die sie auch verstehen.*
Ein Wermutstropfen in der Suppe aber ist, dass es mir nicht gelang, alle für das Buch angedachten Themenschwerpunkte auch tatsächlich zu erörtern. Manches konnte nur kurz angerissen – anderes musste gänzlich übergangen werden. Somit scheint es unvermeidlich, dass ich in absehbarer Zeit ein weiteres Buch schreiben werde.

Insgesamt bin ich jedoch mehr als zufrieden mit dem **Werk** (vgl. Hintergrundinfo) und schließe mich hiermit meiner Meinung aus dem Vorwort an. Um aber auch andere Stimmen zu Wort kommen zu lassen, folgen nun die beiden angekündigten Rezensionen. Verständlicherweise habe ich es mir nicht nehmen lassen, beide Artikel selber zu verfassen, da ich als Autor wohl das Recht besitze festzulegen, was der Rezipient gut zu finden hat und was sehr gut.

Werk (Editorische Fakten)

Einige von mir verwendete Wörter wurden vom Verlag aus unterschiedlichsten Gründen nicht im Manuskript geduldet, gelöscht und durch andere ersetzt. Da ich die meisten davon für sehr wichtig erachte, möchte ich sie der Vollständigkeit halber an dieser Stelle auflisten:

- Jesuslatsch
- manche
- fahrlässig
- Tollpatsch
- Stuhlgang
- Hoden (zweimal)

Insgesamt besteht dieses Buch aus 256 Seiten, 17 Kapiteln, 32 217 Sätzen und 516 704 Zeichen, bietet 31 Tipps und 30 Hintergrundinfos und wiegt insgesamt 360 Gramm. Davon sind 250 Gramm Papier, 10 Gramm Druckerschwärze und 100 Gramm Inhalt.

Mit diesen Worten begegne ich weltweit populären Belletristikern auf Augenhöhe, denn ich denke, geballter ist zeitgemäßes Wissen nicht vermittelbar.

1. Sachliche Kritik

»Schubert? Ein Buch? Kann das gutgehen?

Es kann! Die Tatsache, dass sich ein Betroffenheitslyriker entschließt, den Acker der Literatur mit Prosa zu düngen*, mag zunächst für Verwirrung sorgen, doch der fulminante Erstling dieses vermeintlichen Newcomers straft alle Zweifler Lügen.

›Wie ich die Welt retten würde‹ heißt es – fast ein wenig provokativ auf dem Cover, um dann klarzustellen: ›… wenn ich Zeit dafür hätte‹ – ein Titel, der exemplarisch für den Inhalt steht: Zwei Konjunktive, die sich auf den ersten Blick zu umlauern scheinen, um sich auf den zweiten wie selbstverständlich zum kategorischen Imperativ zu vereinen.

Wie soll man sich einem solch komplexen Werk nähern? Dieses Buch bietet alles, was ein Buch zum Buch macht. Schubert ist bekannt als kritischer Liedermacher, doch auch als Poet bleibt er sich treu und erweist sich als Tausendsassa, der gekonnt Elemente der griechischen Tragödie, russischer Märchen, amerikanischer Action und chinesischer Haikus zu einem dichten, schier undurchdringlichen Handlungsfaden verwebt, durchsetzt mit einer Krimihandlung, die in ihrer Rasanz den Vergleich mit anderen Meistern ihres Faches wie Edgar Wallace oder Klaus Potthoff nicht zu scheuen braucht.

Genug, sollte man meinen, doch Schubert geht weiter und brilliert wie nebenbei mit wissenschaftlichen Glossarien und technischen Hintergründen, wobei er das Kunststück schafft, trotz zahlreicher, stellenweise regelrecht trockener Fakten immer kurzweilig und stellenweise amüsant zu bleiben. Das erinnert zuweilen an den frühen Nietzsche und ist

---

* Dem aufmerksamen Leser wird nicht entgangen sein, dass ich das Gleichnis vom gedüngten Acker im Buch bereits zum Einsatz brachte. In Anbetracht der Tatsache, dass ich diese Kritik kostenlos zur Verfügung stelle, halte ich eine Zweitverwertung meiner sprachlichen Bilder für mehr als legitim.

doch stets auf der Höhe der Zeit.

Was für ein Kopf steckt hinter einem solch epochalen Kraftakt? Schubert ist ein radikal aufklärerischer und doch unterhaltsamer, sensibler, stellenweise kantiger Literat, der neue Wege aufzeigt und sich dabei nicht scheut, Einblicke in das Seelenleben eines Unangepassten zu gewähren. Schmerzhafte, verblüffende Einblicke, die zeigen, dass auch einer wie Schubert von Selbstzweifel geplagt sein kann.

›Wenn Dir der Fortschritt über den Weg läuft, stelle Dich ihm nicht entgegen, sondern folge ihm seitlich‹, heißt es einmal. Man muss dem Verlag zum Mut gratulieren, diesem Rufe mit der Veröffentlichung dieses Werkes gefolgt zu sein, das man getrost als einzigartig bezeichnen kann. Besserwisser könnten sagen: Etwas anderes war nicht zu erwarten. Diesmal sind sie im Recht.«

2. Kritische Kritik

»Jetzt hat der also auch ein Buch geschrieben, dieser Schubert, den wir bisher nur als Liedermacher und Betroffenheitslyriker kannten. Muss das sein? Fragt man sich unwillkürlich, und um diese Frage zu klären, scheint es bei allem Misstrauen unumgänglich, den Schubertschen Erstling zunächst auf sachlicher Ebene zu durchleuchten.*

»Wie ich die Welt retten würde, wenn ich Zeit dafür hätte« – ein Titel, der Zweifel aufkommen lässt: Zwei Konjunktive in einem Satz, wo man doch bei einem wie Schubert den kategorischen Imperativ erwarten, ja verlangen muss! Bietet dieses Buch wirklich alles, was ein Buch zum Buch macht? Bleibt sich Schubert, der bekannte kritische Liedermacher, auch als Poet treu? Diese Zweifel zerstreuen sich von selbst, denn Schubert erweist sich als einer, bei dem der Konjunktiv wie selbst-

---

* Hier können weitere Teile der sach-lichen Kritik übernommen werden, s. o.

verständlich zum Imperativ mutiert. Da schreibt einer, der auch als Autor verblüfft, ein Tausendsassa, der gekonnt Elemente der griechischen Märchen, russischer Tragödie, chinesischer Action und amerikanischer Matchbox zu einem dichten, schier undurchdringlichen Handlungsgeflecht verwebt.

Jedoch: Bei aller Verblüffung darf man diesem atemberaubenden Debüt nicht völlig kritiklos gegenüberstehen. Natürlich, inhaltlich gibt es – außer an einem Kommafehler auf Seite 240 – nichts auszusetzen, und trotzdem muss man fragen dürfen: Warum hat Schubert dieses Buch nicht schon eher geschrieben? Warum ist es nicht dicker? Und warum sträubt sich dieser Mensch hartnäckig, im wahren Leben mehr Verantwortung zu übernehmen? Fast klingt es kokett, dieses: ›Ich kann mich nicht um alles kümmern.‹

›Doch!‹, möchte man rufen. Immerhin hört man, dass Schubert ein weiteres Buch plant. Immerhin.«

Nicht vergessen wollen wir den auf Seite 30 versprochenen Auszug aus den Tagebüchern meines Großvaters, den ich Dir hiermit in von mir bearbeiteter Fassung anheimstelle. Überschrieben ist er wie folgt:

Die Geschichte vom doppelten Bergsteiger

Großvater, der wie ich ein begeisterter Bergsportler war, bezeichnete die Berge als »*tektonisch geformte Materialklumpen*«, die er besonders schützenswert fand, weil sie »*Bodenfröste in extrem großen Höhen ermöglichen*«.
In den zwanziger Jahren des vergangenen Jahrhunderts hatte mein Opa den Himalaya bereist und machte an einem schönen Junitag im Herbst 1926 Rast zu Füßen des Tcho Yang Fat, einem der damals höchsten Achttausender der Welt.

Jahrelang hatte er versucht, diesen Schicksalsberg zu bezwingen, den er als »*diesen sturmumtosten Hundsfott, diesen verdammten Moloch, der mich als einziger neben Cynthia McShester dauerhaft zu reizen vermochte*«, bezeichnete.

Die Erstbesteigung im Juni 1919 hatte ihn nur kurz befriedigt, da sie ihm nur mit Sauerstoffgerät gelungen war. Jetzt, sieben Jahre später, hatte er es endlich geschafft, »*diesen fratzenhälsigen Stulp, diesen gnadenlosen Meuchling*« ohne unterstützende Sauerstoffkrücke zu besteigen.

Nun also saß er an einem sonnigen Nachmittag in seinem Basislager und dachte über neue Herausforderungen nach. Was sollte jetzt, nach der Besteigung ohne Sauerstoffflasche, noch folgen? Eine Besteigung mit Taucherflossen, aber ohne Schnorchel? Was konnte einen Getriebenen wie ihn noch herausfordern?

In seine Gedanken vertieft, bemerkte Großvater nur am Rande eine ferne Gestalt, die auf der gegenüberliegenden Seite des Berges entlangkletterte. Dies war zu jenen Zeiten nicht ungewöhnlich, und so sinnierte er weiter über mögliche Besteigungen »*dieses fucking Bastards*« ohne Anorak, ohne Zahnbürste oder ohne Kondom. Großvater war unsicher. Sollte er »*diese kackbraune Ausgeburt der Hölle*« möglicherweise sogar oben ohne besteigen? Doch nun geschah etwas, das das Leben Clint O. Schuberts für immer verändern sollte. Seinen Aufzeichnungen entnehmen wir Folgendes:

»*Ich blicke auf und – Potzblitz! Drüben am Hang, wo eben nur ein Einzelner zu erkennen war, erscheint eine zweite Gestalt! Wie um alles in der Welt ist es möglich, dass sich hier, in den entferntesten Weiten des Himalayas, jemand einfach so verdoppeln kann? Ohne sichtbares Gerät! Verdammt, was geschieht da? Eine optische Täuschung, eine Spiegelung? Ist dies vielleicht ein Subzwilling, ein siame-*

sischer Einling? Ein spontaner Ableger? Oder handelt es
sich um schlichte Zellwucherungen? Hier, am Fuße des
Tcho Yang Fat, dieses schizoiden, felsigen Molches? Un-
möglich! Mein Gott, ich kann nicht einmal ausschließen,
dass heimlich eine zweite Person auf diesen Berg geklettert
ist!«
Erst Jahre später sollte sich dieses Rätsel durch einen Zufall
lösen. Im Mai 1936 versuchte Großvater, den Tcho Yang
Fat ohne Grund zu besteigen. Auf dieser Expedition lernte er
den tschechischen Tscherpa Vladimir Menčik kennen. Opa
schrieb: »*So was Verrücktes! Menčik war damals ebenfalls*
auf dem Tcho Yang Fat! Was für ein irrer, unglaublicher
Zufall! Ich kann es kaum fassen, aber es ist wahr: Da war
tatsächlich noch einer mit oben!«
(Ende der Aufzeichnungen)

Das wäre also auch geschafft. Bevor wir uns nun bald von-
einander verabschieden, gibt es noch rasch zwei, drei organisatorische Dinge zu klären.
Wisse, dass Du jederzeit die Möglichkeit hast, mir und meinen Freunden im Veranstaltungsalltag auf einer öffentlichen
Bühne zu begegnen. Nutze entsprechende Pressepublikatio-
nen (von mir aus auch das Internet, wenn es sein muss), um
Dich über Ort und Datum dieser Auftritte zu informieren.
Zusätzlich besteht die Möglichkeit, Olaf Schubert und
seine Freunde auf Bild- und Tonträgern zu erwerben. Ich
möchte Dir überhaupt nicht vorschreiben, welches aus der
großen Palette meiner Alben nun das Wichtigste sei. Jedes
ist wichtig. Erwirb deshalb am besten alle und bilde Dir
Dein eigenes Urteil.

So. Damit wären wir im Wesentlichen durch!
Enden möchte ich aber nicht, ohne noch einen Tipp gegeben zu haben, der mir tief aus eigener Seele spricht.

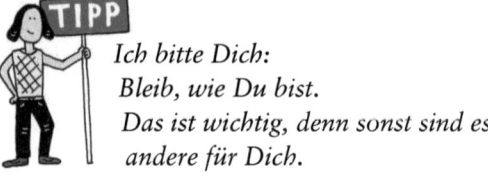

Ich bitte Dich:
Bleib, wie Du bist.
Das ist wichtig, denn sonst sind es
andere für Dich.

Also mach's gut.

Dein
Olaf

P. S.: Jetzt werd ich erst mal Carola anrufen, bevor sie ernst-
haft böse wird.

Danksagung

Maren Uhlherr, Peggy Küttner, meine beiden Freunde, Petra Hermanns, Valesca Schober, Henning Schaarschmidt, Alexandra Kosian-Krishnabhakdi, Sarah Schuster, Opa Clint, Frieda und Ella Kreße, Martha Vorbrodt

– und ein Extradank an Katina.